暴力を受けていい人はひとりもいない

CAP（子どもへの暴力防止）とデートDV予防ワークショップで出会った子どもたちが教えてくれたこと

はじめに

「私の名前は、たったの四文字、あ・べ・ま・きって言います。私のことは、『まきちゃん』って呼んでください」

こんな挨拶を、これまで三〇〇〇回以上、一〇万人を超える子どもたちの前でしてきました。

ＣＡＰ（子どもへの暴力防止）スペシャリストとなって、もうすぐ二〇年、「エンパワメントかながわ」という団体を立ち上げて、もうすぐ一五年になります。

いま、私の仕事は、私が出会った、たくさんの子どもたちから教えてもらったことを、おとなの皆さんに伝えていくことだと考えています。

第Ⅰ部では、ＣＡＰプログラムで出会った、主に小学生の子どもたちについて書きました。たった一時間のワークショップで変わることができる子どもたちの力。それが、「暴力はダメ」と言わずに暴力をなくしていくことができるという私の信念になりました。

第Ⅱ部では、「デートDV」という言葉に出会い、予防プログラムを開発・提供し、相談体制の構築に取り組んだ経緯について、そして、「暴力を受けずに生きる権利」「自分で自分を大切にしていい」というエンパワメントかながわの理念について説明しました。

第Ⅲ部では、専業主婦だった自分が、社会を変えていきたいと思うようになったこと、そして、いま、私が思うことについて書かせていただきました。

子どもたちに教えてもらったことを本に書き下ろすことで、少しでも多くの人に伝えることができたらと願い、自分自身の歩みとともに綴ってみました。

この本を通じて、私が出会ったたくさんの子どもたちの力の輝きを感じていただけたら幸いです。

阿部真紀

目次　暴力を受けていい人はひとりもいない

はじめに……2

第1章
CAP（子どもへの暴力防止）のなかで学んだ子どもたちの力

アドバイスはいらない……10
いじめられていい人はひとりもいない……16
決して子どもたちを怖がらせない……22
対等なおとな……27
なっちゃいけない気持ちはない……31
権利とは生きていくためになくてはならないこと……37
権利を守るためにできることを考える……43
トークタイムで話す子どもたち……51
家に誰もいない不安——小4男子

気持ちを吐き出したら笑顔に――小3男子
親を心配させたくないから話せない子――小5男子
加害に気づいた子――小4女子
自分が大切な存在であることに気づく子――小3男子

第2章
暴力を受けずに生きる権利
――デートDV予防活動で伝えたいこと

「デートDV」との出会い……64
初めてのデートDV予防ワークショップ……68
コンパスで手を傷つけている女子生徒……72
デートDVは起きていた……75
学校現場と専門機関の顔の見えるつながりを作る……80
デートDV一一〇番の開設……86
デートDVの構造を理解する……93
あなたは決して悪くない……99

子どものつぶやきを聴く …… 101
ワークショップは初めが肝心 …… 106
呼ばれたい名前――人権を伝える第一歩 …… 111
暴力は殴る・蹴るだけではない …… 113
暴力を受けずに生きる権利 …… 116
自分で自分を大切にしているとき …… 118
「気持ち」は心のサイン …… 123
対等な関係 …… 127
「ありがとう」「ごめんね」 …… 131

第3章
Personal is political（個人的なことは政治的なこと）を胸に刻んで

CAPスペシャリストになる …… 144
Personal is political（個人的なことは政治的なこと） …… 148
「デートDV」を社会を変えるキーワードにしたい …… 152

「デートDV防止全国ネットワーク」の設立 …… 165
人と人とが対等で、お互いの違いを
大切にしあうことができる社会を …… 167
エンパワメント
人と人とのつながり
人権

暴力に対してできること
＝非暴力で身を守る
――「あとがき」にかえて …… 179

第1章

CAP（子どもへの暴力防止）のなかで学んだ子どもたちの力

アドバイスはいらない

私の娘は、日本の子どもで言うと幼稚園年長組の九月からちょうど一年間、アメリカのファーストグレード（一年生）としてカリフォルニアの小学校に通いました。次の年の夏休みに帰国し、九月から日本の小学校の一年生に転入しました。

アメリカでは親が車で送り迎えをしていましたが、日本ではランドセルを背負って、子どもだけで歩いて学校に通学する。下駄箱で上履きに履き替える。給食を食べる。そんな変化をどう乗り越えられるのか、親の私にはかなり不安がありました。

でも、私の不安をよそに、娘はあっという間に日本の小学校の生活に慣れていきました。私が学校に行く機会があり、ちょっと娘のクラスの様子を覗いてみると、なんと周りのお子さんたちにあれやこれやと口を出して、クラスを仕切っているように見えます。

娘はもともと目立ちたがりの性格だったのもありますが、アメリカの小学校では自分をいかにアピールするかが大切であるという訓練を受けてきました。クラスのなかでは「私のお気に入り」というテーマで順番にスピーチをする練習をしていました。ですから、日本の学校でも率先して自分を出しているのだとわかりました。でも、私は、〈まずいぞ、これではいじめられてしまうのでは……〉と、ヒヤヒヤし始めました。

それからしばらくして、学校から帰ってきた娘が、

「あのね、お友だちが無視するの」

〈ああ、やっぱり〉。正直、私はそう思いました。

次の瞬間、

「お友だちの前で威張ったりするの、やめたほうがいいんじゃないかな」

と、伝えていました。それ以後、娘は二度と私にいやなことがあったことを話してくれなくなりました。

それから三年後、私は、ＣＡＰのプログラムに出会いました。

おとなワークショップで、「伝える三つの言葉がけ」を学びました。

子どもがいやなことや怖いことがあったと話してきたとき、伝える三つの言葉。

「話してくれてありがとう」
「あなたの話を信じるよ」
「あなたが悪いのではないよ」

四年生になった娘が、お友だちからまたいじめられているようだと、私は周囲の様子から感じていました。

すると、しばらくして娘が、私にまた話をしてくれました。

「お友だちがね、帰り道、私のランドセルを後ろから突いたり、悪口を言ったりするの」

〈あ、CAPで習ったことを使ってみよう〉。私はそう思いました。

「そうなんだね、話してくれてありがとう。どんな気持ちがする?」

「いやだ」

「いやだね。そんなこと、されなくてもいいよね」

「いやだ。すっごくいやだ」

と、娘は泣き出しました。

私は、CAPで習った通り、泣いている娘の話をじっと聴き続けました。

「いやだったね。すごくいやだったね」

ひとしきり、涙を出し切った娘は、すっきりした顔に戻りました。そして、

「私にも直さなきゃいけないことあるんだよね」

と、自分から言ったのです。

これが娘に教えてもらったことです。

一年生のとき、娘がいじめられることを心配した私は、思わず「威張らないほうがいい」というアドバイスをしていました。でも、このアドバイスが伝えているることは、「威張るからいじめられる」という意味になります。つまり、「威張っているあなたが悪い」というメッセージを知らず知らずのうちに伝えてしまっていたことになります。

三年後、四年生になった娘に、CAPで学んだ三つの言葉を使いながら、私は

娘の気持ちを聴くことができました。

「そんなこと、されなくてもいい」という言葉に、「あなたが悪いのではない」というメッセージを伝えることができました。気持ちを出し切った娘は、みずから自分も変わる必要があるということを話したのです。

おとなが「こうしなさい」ということを伝えなくても、子どもはどうしたらいいか自分でわかっているのです。子どもには力があるということです。その力を引き出すためにおとながすべきことはアドバイスをすることではなく、ただ気持ちを受け止めることでいいのだということを教えてもらいました。

©にしぼりみほこ

第1章 CAP(子どもへの暴力防止)のなかで学んだ子どもたちの力

CAPプログラムについて

CAP（キャップ）とは、Child Assault Prevention（子どもへの暴力防止）という英語の頭文字をとったもので、アメリカで作られたプログラムのことです。

一九七八年、オハイオ州コロンバスという街で起きた少女のレイプ殺人事件をきっかけに作られたプログラムです。日本では一九九五年にCAPを実践する専門家「CAPスペシャリスト」を養成する講座が開催されたことにより、本格的に学校現場での取り組みが始まりました。

子どもたちの発達段階にあわせ、就学前プログラム（二〇分×三日間）、小学生プログラム（六〇分）、中学生プログラム（一〇〇分×一日間）などがあり、一クラスに三人ずつのスタッフが入り実施します。

まず、子どもたちに「安心《あんしん》」「自信《じしん》」「自由《じゆう》」の権利があることを伝え、いじめ、誘拐、性暴力といった暴力から自分で自分の身を守るために何ができるかについてロールプレイを交えながら考えていきます。

いじめられていい人はひとりもいない

いじめられる理由ってあると思いますか？

もしかしたら、いじめる側にはいじめる理由があるかもしれません。

でも、いじめられていい理由はひとつもありません。

ただ、いじめられる原因をなくそうとする話は結構あるように思います。


夏休みが終わりに近づくと、新聞にこんな記事が掲載されることがあります。

「我が子がいじめられないために、こうすれば大丈夫」という見出しに、何をすべきかというリストが並びます。

まず、忘れ物が多いといじめられるので、忘れ物がないようにきちんと準備をする。

盗まれたり、隠されたりしないように、消しゴムでも定規でも名前を必ず書く。

朝、教室に入ったら明るく挨拶をする。

我が子をいじめから守るために、このリストを端から子どもに言い聞かせている保護者の方は少なくないかもしれません。

もちろん、身を守るために、それしかないと思って伝えているのかもしれませんが、私は、そうではないことを伝えたいと思います。

もし、忘れ物をしたとしても、消しゴムに名前がなかったとしても、明るく挨拶できなかったとしても、その子がいじめられていいはずがありません。

いじめられている子どもに対して、これ以上いじめられないようにするために、アドバイスや指導をすることによって、結果的に、いじめられている子どもの非を責めてしまっている様子をこれまでにたくさん見てきました。

学校の先生がいじめられている子どもを呼び出して、いじめられないためにこれからは忘れ物をしないようにしなさい、身ぎれいにして明るく挨拶をしなさいという指導は、残念ながら子どもたちを責めてしまうことになるのです。

私には、Aさんのことが忘れられません。

四年生向けのＣＡＰが始まろうとしていました。

視聴覚室に集まってくる子どもたち。ひとりの子が私にささやきました。

「Aちゃん、今朝下駄箱に『キモイ』って紙を入れられたんだよ、ほら、あの子」

Aさんはうつむきがちに、後から入ってきました。

床に座った子どもたちを前に、三人のスタッフによるCAPプログラムが始まります。

「私たちは、今日皆さんがいやなことや怖いことがあったときに何ができるかを一緒に考えるために来ました。きっと楽しい時間になると思います」

プログラムが進むなか、私はやっぱりAさんのことが気になっていました。いつものように約六〇分でプログラムが終了し、最後に子どもたちにこう伝えます。

「もしも、今日の話のなかで聞いてみたいことや相談してみたいことがあったら、この部屋に残ってください。三人のうちの誰のところでもいいから話しに来てくださいね」

トークタイムが始まると、クラスの半分くらいの子どもたちが残り、三人のスタッフそれぞれの前に、順番待ちの列ができました。

私の列のなかには、Ａさんがいました。数人の話を聴いた後に、Ａさんの順番が来て、私の目の前に来たとき、私はつい、こう話しかけてしまったのです。

「キモイっていう紙入れられたんだね。いやだったね」

子どもが話す前にこちらから話し始めたり、先回りして子どもの気持ちを言ってしまうことはＮＧです。

Ａさんは、「別に平気だよ。気にしてないもん」。そう答えました。〈まずい〉、心のなかでどうやって修正するか、私は必死でした。しばらく沈黙した後、私から、

「でも、あなたがそんなことされていいわけないよ」

と、伝えました。下を向いて、じっと黙っていたＡさんが、しくしくと泣き始めました。

「本当はいやだった」

「いやだったね」

「すごくいやだった」

「すごくいやだったんだね」

泣きながら、気持ちを出し続けた後、顔を上げたAさんは、すっきりした表情をしてこう言いました。

「いつもはね、図書室に行ってひとりで泣いてたの」

「そうだったんだね。今日は私に話してくれてありがとう。また、今度こんなことがあったらどうする?」

「今度は先生に話す」

「そうか、先生に話してね」

実は図書室でひとりで泣いていたAさんだったのに、最初、なぜ「気にしてない」と言ったのでしょうか。

いじめられて困っていることを私や先生に話したら、いじめられないように、キモイと言われないように諭されるかもしれないと思ったのかもしれません。いじめられないように、こうしなさいと言われることは、このままではいけない、変わりなさいと言われること、それはつまり、怒られること、責められることだったのです。

どんな理由があってもいじめられていいわけがないという権利を伝えたことに

よって、Aさんは安心し、気持ちを語り始めました。CAPの人に話すことができたから、これからは誰かに聴いてもらえる自信が出たのです。先生に話すということを選ぶことができたのです。

あのね…
友達にいやなことを
やってしまった時
CAPを思い出して、
すぐ「ごめんね」と
言えるようになったこと

（小4女子）

決して子どもたちを怖がらせない

○月○日、川崎市立O小学校のワークショップ。自宅から電車を一回だけの乗り換えで行ける小学校は、比較的近い小学校です。

CAPプログラムは、一クラスを三人のスタッフが担当します。ひとりが欠けたり遅れたりしたら大変です。朝のラッシュ時の電車は遅れるのが当たり前くらいに考え、八時二〇分に集合と言われれば、その一〇分前に到着するように、家を七時過ぎに出かけます。会社に通う人と違い、毎回違う学校に向かうため、道順はもちろん、時間を予想して動くことはとても緊張します。

自宅から駅に向かう人の波、駅を目指し、信号が変わると一斉に動き出す人の群れ。大きな荷物を抱えて歩く高校生、小さな子の手を引いて保育園に向かうお父さん、みんな朝早くから本当によく働くなあと感心します。黙々と歩く人、バスから降りてくる人、家族に車で送ってもらっている人、駅前には吸い寄せられるようにたくさんの人が集まってきます。改札に向かう人の群れに飲み込まれる。

第1章 CAP（子どもへの暴力防止）のなかで学んだ子どもたちの力

反対方向から来る人にぶつからずに進むためには、とにかく自分の進む方向だけを見ること。へたに向こうから来る人と目があってしまうとぶつかります。

朝のラッシュをくぐり抜け、向かう小学校の最寄り駅に到着したのは、集合時間の一五分前でしたが、すでにスタッフが集まり始めています。今日は、四年生四クラスのため、一・二時間目に二クラス、三・四時間目に二クラス。同時に二クラスずつ実施するということで六人のスタッフでうかがいます。

学校に入るまでは、家族のことやファッションのこと、食べ物屋さんのことなどプライベートな話で盛り上がっていたスタッフですが、学校に入った瞬間、プロの顔に変わります。

「おはようございます。今日はよろしくお願いします」

担当の先生に挨拶をし、持参した上履きに履き替え、ワークショップ用の名札を付けます。控室では、それぞれ三人ずつのチームに分かれ、ワークショップとトークタイムの会場、時間、先生の名前、役割分担などを確認します。小学校ごとに決められている担当スタッフが事前に先生との打合せを済ませていますので、担当スタッフから本日の注意事項を申し渡されます。「一組には、大きな声を怖がるという子がいるので、特別なさけび声を出す前にひと言、注意喚起を忘れないでください」「特別支援級のお子さんは、二組と三組にひとりずついますが、支援級の先生も付き添います」など。

しばらくすると、「失礼します！　四年二組のCAPをお願いします！」と元気な声。胸に名札のシールをつけた日直さんの二人が迎えに来てくれました。

「はい！　よろしくお願いします。教室まで連れて行ってね」

教室の机は後方へ下げられ、子どもたちが防災頭巾をお尻に敷いて、床に座っています。

さあ、いよいよ教室に入ります。私たちは満面の笑みを用意します。

私たちが入っていくと、一斉にこちらを見る子どもたち。「いったい誰が来たの？　何するの？」と、一瞬だけ緊張と不安の表情をのぞかせますが、こちらから「はあい、よろしくお願いしま〜す」とにっこり笑いかけると、安心した表情が戻ってきます。

この最初の瞬間が本当に大切なのです。

顔を作る——笑うというのとは違うかもしれませんが、顔を作り続けること、それが私たちの仕事と思えるくらい大切なことなのです。

具体的には、口角を上げる、目尻を下げる、時折歯も見せる。とにかく優しい表情を作り続けること、素に戻らないことが教室のなかにいる間、私たちの一番の仕事だと思っています。

もちろん、一時間のワークショップの間、ふと素に戻る瞬間はたくさんあります。壁に貼られたたくさんの子どもたちの作品、お習字であったり、絵であったり、クラス目標であったり、思わず目が行ってしまうと素に戻っていることがあります。いけない、いけない、と顔を作り直して、子どもたちに顔を向けます。

教室のなかの子どもたちが騒がしくなり、担任の先生の顔が険しくなり、いまにも怒り出しそうなときにこそ、私たちはいっそうの笑顔を作って「先生、子どもたちを注意しなくても、大丈夫ですよ」というメッセージを発するときもあります。

なぜ、そんなことを気にするのかと思われるでしょう。

子どもたちにとって、私たちは知らない人、初めて会った人です。どんな人なのか？　子どもたちは、ドキドキ緊張して不安でいます。「私たちは怖くないよ。

大丈夫だよ」ということをアピールするために、笑顔で居続ける、安心できる表情を振りまき続けることが、子どもたちに権利を伝えるために、子どもたちの持って生まれた力を引き出すために大切な第一歩なのだと思っています。

そんなことを常に気を付けているからでしょうか。街のなかや電車のなかで、小さな子どもがいると、すぐに口角を上げて顔を準備している自分に気づくことがあります。

私は、CAPさんに教えてもらったので弟にも教えてあげられました。
（小3女子）

対等なおとな

さあ、教室に入ると三人のスタッフはそれぞれに準備を始めます。これも黙々とではありません。子どもたちがじっと見ていますから、「おはよう。ちょっと待ってね。準備するから。今日は雨だったけど大丈夫だった？」などと声をかけながら、ロールプレイで使用する椅子を並べ、教卓が出ていれば、劇ができるように端に移動します。

黒板に「CAP《キャップ》子どもへの暴力防止《ぼうりょくぼうし》」と書くと、子どもたちから声が上がり始めます。

「え？　キャップ？　ペットボトルの？」

「鉛筆のキャップじゃないの？」

「ふふふ、なんだろうね」

「はい、準備ができたよ、先生、始めてよろしいですか？」

先生が「はい、全員おしゃべりやめて、体育座りのまま一番良い姿勢をして、さあ、大事なお話ですからね、しっかり聞いてください」。

三五人の子どもたちは一斉におしゃべりを止め、背筋をピンと伸ばして、七〇の瞳をこちらに向けます。

おっとひとりだけ、下の名前を書いたガムテープを口の上に貼っている子がいます。大きな目がクリッとしている男子です。目が合ったので、ＯＫの合図を込めて笑顔を返します。

あれ？　姿勢がぐにゃっとしたままの男子を、隣にいる利発そうな女子が「ほら、〇〇君、ダメじゃない。ピンとして。ほら、足は体操座り」と声をかけています。言われた男子は、反対側にぷいっと顔を背けますが、そちら側の女子からも「ちゃんとして」と手を出されるので、その手を払いのけています。

体操座りの子どもたちの前に、三人のスタッフが並び、まんなかに立ったスタッフから話し始めます。

「は～い、それではお待たせしました。ご挨拶からします。おはようございます」

子どもたちは一斉に、教室が割れんばかりの大きな声で、

第1章　ＣＡＰ（子どもへの暴力防止）のなかで学んだ子どもたちの力

「お・は・よ・う・ご・ざ・い・ま・す」

「元気だね〜。はい、私たちは、ＣＡＰの人です。ひとりずつ自己紹介をしますね」

「私の名前は、たったの四文字『あべ・まき』です。私たちは先生ではないから、先生って呼ばなくていいです」

子どもたちがこの瞬間から、変わり始めます。え？　先生じゃないの？

「私たちはいまから呼ばれたい名前を言いますね。私のことは、『まきちゃん』って呼んでください」

子どもたちが一瞬、とまどった顔になり、ぷうっと噴き出す子どももいます。なかから二〜三人がそーっと「まきちゃん」と呼んでくれるのが聞こえると、私は思わず「ありがとう！　よろしくお願いします」。

「はい、私の名前は、『○○○・れみ』です。私のことは、『れみさん』って呼んでください。よろしくお願いします」

今度は五〜六人の子どもたちが声をそろえて「れみさん」。

もう子どもたちは、みんなにこにこ顔で次はなんて言う人なのか注目しています。

「はい、私の名前は、『ふじい・〇〇〇』です。私のことは、『ふじさん』って呼んでください」

みんなで「ふじさ〜ん」。

自己紹介までの数分が、とても大切な時間です。ツカミが何より大切だということです。

もちろん、緊張をほぐして安心してもらうために、ちょっと笑ってもらう意味もありますが、私たちが一番伝えたいこと、それは――

先生ではないこと。

先生と子どもはどうしても上と下の関係になってしまいがちです。先生という呼び方自体が上から目線だと思うこともあります。

私たちは、子どもたちにとって初めて会うおとなであり、子どもたちにとって対等なおとなであるということを伝えたいのです。

おとなであっても、子どもたちにとって対等であることを子どもたちに肌で実感してもらいたいと考えています。

なっちゃいけない気持ちはない

「今日は、子どもたちがもしいやなことや怖い目に遭いそうになったとき、何ができるか、一緒に考えるために来ました。きっと楽しい時間になると思います。劇もしますよ」

「きっと楽しい時間になる」という言葉も、子どもたちに安心してもらうための言葉だと思っています。

子どもたちがだんだんに安心して、キラキラの目をファシリテーター（進行役）に向け始めます。（でも一名、後ろに下げた机の下に隠れている子どもがいます。）

「いやなことや怖いことって暴力っていうことなんだけど、暴力ってどんなことだと思う？」

元気の良い子が、「パンチ」と声を上げます。

「ありがとう。そうだね。パンチって暴力だね。他にはある?」

「キック」

「ありがとう。そうだね。キックもそうだね」

「悪口」

「そうだね。言葉も暴力になるかな?」

「なる!!」。子どもたちが声をそろえて答えます。

「じゃあ、どんな言葉が暴力になると思う?　いまは言ってもいいからね」

いつもだったら、そんなこと言っちゃダメと言われている言葉ですから、最初はためらいます。

「バカ」

「ありがとう。そうだね。暴力の言葉だね。他にもある?」

私たちからの「ありがとう」という言葉に、「あ、言ってもいいんだ」と子どもたちの表情が変わり始めます。

「死ね」

「ありがとう。死ねっていう言葉も暴力の言葉だね」

どんな意見が出てきても、私たちは意見を言ってくれたことに「ありがとう」と、返し、その意見を認めていく。そのやりとりが進んでいきます。

一番前に座って、口にガムテープを貼っている男子が手を上げました。ガムテープに書いてある下の名前を読んで、

「はい、○○さん、そのままで話せるかな？」

と、声をかけると、おもむろにガムテープをはがして、小さな声で、

「消えろ」

「ありがとう。消えろっていう言葉もあるね」

その子はまた口にガムテープを貼りなおします。

「キモイ」

「うざい」

「おまえなんか消えちまえ」

「チビ」

「ありがとう。そうだね。私たちはさっき呼ばれたい名前を言ったけど、呼ばれたくない名前で呼ばれることも暴力になることはあるよね。では、今度は言葉

もかけない暴力、態度の暴力ってあるかな？」

「無視」

「そうだね。無視も暴力になるかな？」

これには、少しハテナの顔をする子どもも出てきます。

「じゃあ、いま出してくれたような暴力を受けたとき、どんな気持ちになるか、教えてくれる？」

高学年以上の子どもたちには、「暴力を受けたときの気持ち」を聞くことがあります。気持ちの言葉がなかなか出てこないクラスもありますが、この四年生のクラスはとてもたくさんの表現を出してくれました。

「いやな気持ち」

「うん、いやな気持ちになるよね」

「仕返しする」

「そうだね。仕返ししたい気持ちになることがあるね」

ファシリテーターは、子どもから出た言葉「仕返しする」を、「仕返ししたい」という気持ちの言葉に巧みに変えて答えていきます。

「悲しい」

手を上げた女子が小さな声で答えてくれました。

「そうだね。悲しい気持ちになることあるね」

「死にたい」

「そうだよね。死にたいくらいの気持ちにだってなることあるよね」

「最悪」

「ストレス」

「痛い」

「きらわれちゃったかな」

「ぼくがきらいなのかな」

「れいぎがなってないな」

「友だちやめたい」……

「うわあ、たくさんの気持ちを出してくれたね。ありがとう。こうやって、気持ちの言葉をたくさん知っていることって、とっても大切なんだよ。ところで、このなかに、『なっちゃいけない気持ち』ってあるかな？」

「仕返し」

「死にたい」

「うん、ありがとう。実はね、なっちゃいけない気持ちはないんだよ。だって、やり返したいくらいの気持ちになることだって、死にたいくらいの気持ちになることだってあるよね。それをダメって言われてもできないよね。だから、なっちゃいけない気持ちはありません。ただ、もちろん、本当に行動に移すこととは別だよね。もちろん、やってはいけないことはあるよね。気持ちに良い／悪いはありません。暴力を受けるとこんな気持ちになるんだね。こんな気持ちになったら、暴力を受けているかもしれないということだね。こんな気持ちになったとき、どんなことができるか考えていきましょう」

権利とは生きていくためになくてはならないこと

「もしも、ずっと何も食べられないでいたら、みんなの体はどうなるかな？」

「死んじゃう」

「そうだね、食べることは生きていくためにどうしても必要なことだね。生きていくためにどうしても必要なことを権利っていうんだよ」

「生きていくためにそれがないと困っちゃうことだから、みんなが持っているものだよね。他にはどんな権利がある？」

「寝ること」

「水を飲むこと」

「息すること」

「勉強！」

「遊ぶ」

「家に住む」

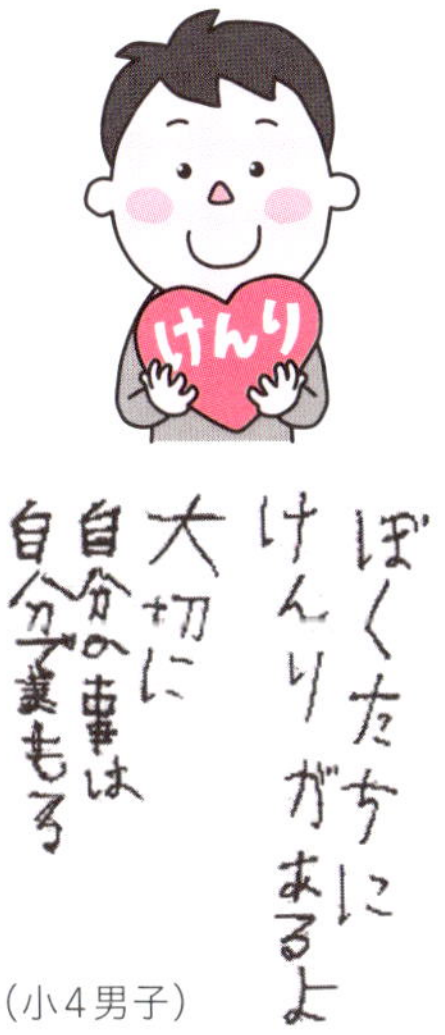
けんり
ぼくたちに
けんりがあるよ
大切に
自分の事は
自分で守る

（小４男子）

大切な権利について、子どもたちは次々に答えていってくれます。すべて基本的な人権として、すべての人が生まれながらに持ち、義務を伴わない権利です。「ゲーム」と出てくることがあります。実は、ゲームをすることは基本的な人権ではありません。すべての人に必要なわけではありませんから。

でも、私たちは、「それは違うよ」とは決して答えません。まず、子どもの意見を認め、そのうえで修正をして答えていくようにします。クラスのなかには、「え〜、ゲームは違うよ」という声も上がるなか、スタッフは答えます。

「ありがとう。ゲームが好きなんだね。ゲームしたりして、楽しむ権利はあるよね。でも、ゲームしないと生きていかれないかな？　ゲームをしなくてもいい人もいるよね」

「みんなにはたくさんの権利があるよね。今日は、その権利のなかでも、とっても大切な三つの権利についてお話します」

もうひとりのスタッフが、大きく安心・自信・自由という文字とポーズが描かれたパネルを黒板に貼っていきます。

「それは、安心して自信をもって自由に生きていく権利です。ここに安心・自信・自由のポーズもあるよね」

安心は胸の前で両手を合わせる、自信は握りこぶしを作って両脇でガッツポーズ、そして自由は両手を上げて万歳のポーズです。この三つのポーズをスタッフ三人が見せたうえで、

「みんなも一緒にポーズをしてみましょう。安心・自信・自由」

子どもたちは大きな声でポーズとともに、「安心！　自信！　自由！」と言ってくれます。

「どんなとき、安心？」

おとなの皆さんは、どんなときだと答えますか？　もちろん、「ほっとしたとき」のことですが、子どもたちの発想は実にユニークだし、うなずけるものばかりです。

「かくれんぼして隠れているとき、鬼が気が付かないで通り過ぎたとき」

「ペットが病気になったけど、治ったとき」

「うんこが出たとき」

もちろん、ファシリテーターは、ひとつずつ「ありがとう。そうだね。そんなとき、安心できるんだね」と認めていきます。

ＣＡＰというプログラムは、日本全国どこへ行っても同じシナリオで、同じ流れで進んでいきます。そのシナリオの力は本当に素晴らしいものだと、ＣＡＰを続けてきて実感しています。噛めば噛むほど味が出るのがＣＡＰで、私は二〇年近く続けてきたいまもシナリオのなかに新しい発見があったり、なるほどこういう意味だったのかと、いまさらながら気づいたりすることがあります。

ただ、子どもたちの力を引き出すうえでは、そのシナリオの力以上に、子どもたちとスタッフのやりとりが大事なのだと考えています。初めて出会うおとなが、決して怖がらせず笑顔で暴力と権利について伝え、どんな意見が出ても「ありがとう」と受け止めて認めていくやりとりです。

どんなに子どもたちが騒がしくなったとしても、決して叱るのではなく、頭ではその原因を考えながら、よりいっそうの笑顔で「大丈夫だよ」というメッセージを送りながら、「聞いてくれるかな」とお願いしていく。三人のスタッフがクラスのなかの一人ひとりの子どもたちと目を合わせ意見を拾っていく。だから、たったの一時間でも子どもたちが変化する。子どもたちの力を引き出すことができるのだと思います。

ワークショップが始まるとき、後ろの机の下に隠れていた○○君は、五分もしないうちに、自分から名札を付けてもらい、前を向いて座り、手を上げ発言しました。私たちが決して叱ったりするおとなではないことがわかり、自分も発言して意見を認めてもらいたいと思ったからだと思います。意見を認めてもらったら、とてもうれしそうな自信に満ちた顔を見せてくれました。

周囲の女子に、注意され続けていた○○君は、みんなが意見を出し始めたのを見て、自分も手を上げてみました。ファシリテーターに向かって、まっすぐピンと手を伸ばしています。「はい、○○さん」と呼ばれると、すっくと立ちあがり、次にちょっと照れながら、

「プールで合格したとき、自信が出る」

「ありがとう。そうだね、プールで試験に合格したときに自信が出るんだね」

と、認めてもらうと、目がキラキラ。さっきまでぐにゃっと座っていたのに、背中までピンと伸ばして、話を聴いてくれています。次も指してもらって発言したいのだと思います。ファシリテーターの問いかけをいち早く聞き取るのですが、思わず指してもらうのを待たずに、すぐに答えてしまうと、またまた周りの女子に、「〇〇君、手を上げてから言わなきゃダメでしょ」と注意されてしまいます。それでも、一生懸命手を上げて、目をランランと輝かせながら話を聴いています。

前は自分に自しんがなかったけど聞いたら、自分に自しんがついた。（小４男子）

権利を守るためにできることを考える

「みんなには安心して自信をもって自由に生きていく権利があるんだよね。でも、それが取られたとき、何ができるかを、まずは劇を見ながら考えていきましょう」

スタッフが小学生の役になり、カバンを持たせる加害者役と持たされる側の被害者役を演じます。そのロールプレイヤーの絶妙な力関係のバランスが大切です。その学年の子どもたちにあわせた話し方のテンポはもとより、加害者と被害者の力の差をどう作るかがロールプレイヤーの大きな役目です。そのクラスの雰囲気にあわせ、決して怖がらせないように、でもわかりやすく演技します。

わずか一〜二分の劇を演じるとどんなににぎやかなクラスの子どもたちも、シーンとして劇に見入ります。

「はい、劇が終わりました。拍手をしてください」

ファシリテーターが子どもたちに拍手を促し、劇が終わったことを知らせ、子どもたちを覚醒します。

「こんなとき、何ができるかな?」

後ろのほうに座っていた体の大きな男の子が、

「やられたら、やり返す!　こないだも辞書を投げつけられた」

どうやら、現実に自分に起きたことを思い出したようです。

「そうか、やり返したい気持ちになることはあるよね。でも、本当にやり返したらどうなるかな?」

「そうだね。権利の取り合いが終わらなくなってしまうね。今日は、人の権利を取らないで自分の権利を守る方法を一緒に考えよう」

と、進めていくと、子どもたちからは、次々と、

「いやだって言う」

「友だちにたすけてもらう」

「にげる」

「おとなに相談する」

と、意見が出てきます。

今度は私が友だちの役になって、権利を守る劇をします。さっき権利を取られる劇を見たときの子どもたちは、とても不安そうな顔をしていましたが、今度は友だちに助けてもらい、いやだと言うことができた劇を見ると、子どもたちはそれはそれはうれしそうな良い顔になります。

「はい、友だちに助けてもらって権利を守ることができたね。じゃあ、みんなは友だちが困っていたら助けることができるかな？」

と、聞くと、子どもたちは一斉にうなずいて「できる」と声を発します。

「じゃあ、もう一度劇をするから友だちの役をやってくれる人いるかな？」

一番に手を上げたのは、さっき「やり返す」と言っていた○○君。名前を呼ばれて出てきた○○君は、ちょっと緊張して、さっきの勢いがありません。

被害者役のスタッフのそばについて、加害者役のスタッフに向かって「やめなよ。そんなのおかしいよ」とやさしく伝えることができました。加害者役があきらめて去り、劇が終わると、満面の笑み。やり返さなくても、友だちのそばに付いているだけで、友だちの力になることができました。

彼は普段からやり返すことをしていたのかもしれません。でも、私たちはその

○○君の気持ちを受け止め、決してやり返しちゃダメだよとは伝えません。それでも、みんなの前に出てきて、やり返さずに友だちの権利を守ることができることを体験することができたということです。

次に、子どもたちとのやりとりで一番盛り上がるのが、セルフディフェンス（自己防衛の方法・護身術）を実演していく場面です。

スタッフのひとりが知らない人の役になり、子ども役のファシリテーターの手をつかみます。「知らない人につかまって逃げるためにはどうしたらいい？」と投げかけると、興奮した子どもは立ち上がって「こうやって蹴る」と言ってみたり、子どもたちは次々と意見を出します。

セルフディフェンスは、体の小さな子どもが知らないおとなの人から逃れるために、子どもでもできることを伝えていきます。

「そうだね、蹴るなら脛《すね》がいいです」

「脛を蹴って手が離れたら逃げます」

「踏むなら足の甲を狙うといいです」

子ども役のスタッフは、もちろんおとな役の足の甲ではなく、床を思いっきり踏みつけます。子どもの力でもおとなから逃げることができることを見てもらうため力いっぱいに実演します。私はよくこの実演の後、足の骨がじんじん痛くなってしまうことがあり、ちょっとやりすぎちゃったと反省したりします。

「口を手で押さえられたらどうしよう?」

「鼻水出す」

「べろべろなめる」

「噛む」

おとなだったら、子どもが知らないおとなに捕まってしまったらもう何もできないと思うかもしれません。でも、子どもたちはできることを次々に発言します。

イヤ!

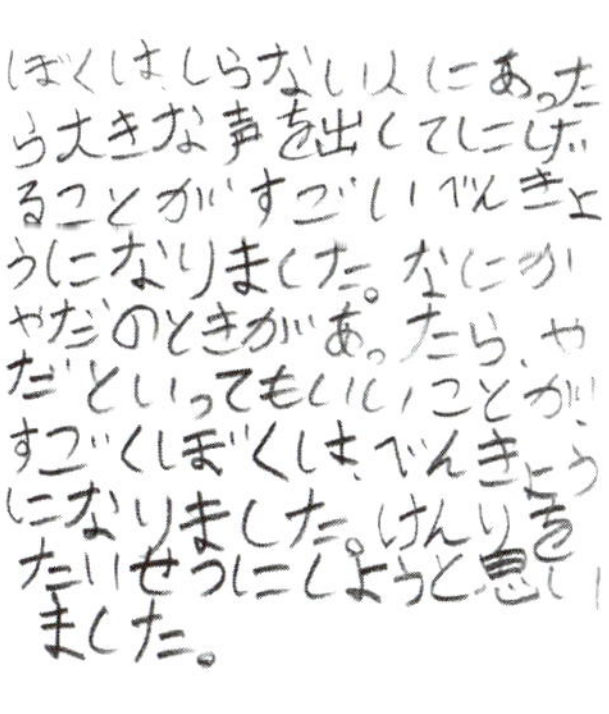
ぼくはしらない人にあったら大きな声を出してにげることがすごいでんきょうになりました。なにかやだのときがあったら、やだといってもいいことが、すごくぼくはでんきとうになりました。けんりをたいせつにしようと思いました。

「そう、みんなには、知らない人に捕まったときでもそのとき何ができるかを考える力があるんだよね。だから、きっと大丈夫だよ」

このメッセージが何より子どもたちの力を引き出すことにつながります。

「何をやってもいいから、逃げていいんだよ」

自分の権利を守るためには、蹴ったり踏んだりしてもいいということを知ると、子どもたちは、「いままでどうしたらいいかわからなかったから不安だったけど、どうしたらいいかわかったから安心した」と口々に話してくれます。

三つの暴力――「子ども同士のいじめ」「知らない人からの誘拐」「知っている人からの性暴力」について、それぞれ権利を取られる劇、権利を守れる劇、友だち役に子どもたちに出てきてもらう劇を繰り返し、子どもたちには、暴力が迫ってきたときにできることがあること、また友だちを助ける力があることを伝えていきます。

最後に、相談機関を掲載した塗り絵やクイズが付いた復習用のチラシを配付します。床に座った子どもたちに、三人のスタッフが手分けして、ひとりずつ胸の名札を呼びながら「〇〇さん、ありがとう」と声をかけながら配付します。ひとりの女子が「後ろにまわすよ」と言ってくれました。「ありがとう。でも、ひとりずつ渡したいんだ」と断ります。いつもは、配付物は後ろにまわす方法を取っているのでしょう。でも、私たちは一度も発言しなかった子にも声をかけたくて、ひとりずつ手渡していく方法を取っています。

CAPは四五分の授業時間を二時限いただきます。続けて六〇分間のワークショップが終わると、私たちは残りの時間をトークタイムという時間として必ず取ります。復習タイムとも言いますが、ワークショップに参加して質問がある子ども、相談してみたいことがある子どもが個別にスタッフと話すための時間です。私たちは教室を出て、別室で待機します。

そうそう、口にガムテープを貼ったまま手を上げ、発言するときだけガムテープをはがし、発言が終わるとまた口の上に貼っていた〇〇君。最後の劇には手を上げて出てきてくれました。もちろん、劇に出ている間はガムテープをはがしていました。トークタイムの時間になると、ちょっと小太りの〇〇君はスタッフに付いてきてその横で寝そべって、ポツリポツリと自分のことを話してくれました。「三年生のときいじめられて学校に来れなくなったんだ。三年生のときの先生が一番信用できる。いまは別の学年になっちゃったけど、困ったらその先生に話しに行けるよ」と。

トークタイムで話す子どもたち

トークタイムに来る子どもたちの質問で一番多いのが、私たちが「もしも攻撃」と名付けているものです。

「もしもピストル持っていたらどうするの？」

「もしも刃物を持っていてつかまっちゃったらどうするの？」

「両方から知らない人が来て、囲まれちゃったらどうするの？」

実際にはあまり起こらないような場面なのですが、子どもたちはテレビのドラマやニュースからそんな状況を想像し、聞いてくることがとても多いのです。よく「うちの子は、全然警戒心がなくて困っているんです」という保護者の方がいらっしゃいますが、実は子どもたちは漠然とした不安をたくさん持っていることがCAPをやってみるとわかります。

家に誰もいない不安――小4男子

「家に帰ったら、知らない人がなかにいたらどうしたらいいの？」

不思議な設定を聞いてくると思いますよね。でも、きっとこの子は家に帰っても誰もいないことが多いのかな？　ひとりで家に入るとき、そんな不安があるのかな？　と想像しました。

「お家に誰もいないことあるの？」

「うん」

「もし家に入って、知らない人がいたら、すぐに逃げて、誰かに助けてもらってもいいんだよ。近くに知っているお家とか助けてもらえるところある？」

「うん、ある」

ちょっと安心な顔に戻って、教室に帰っていきました。数分後、その子が再び戻ってきました。

「もしも、家に帰ったら、指名手配されている人がなかにいて、僕が警察に知らせに行っているうちに、その人がいなくなっちゃったらどうするの？」

この子の不安の強さには、家できっと寂しい思いをしている背景があるのだろうと想像します。

「もし指名手配されている人がいなくなっても、いいんだよ。あなたの命が一番大切だから」

と伝えると、

「うん、わかった」

と、さらに安心した顔になって、また帰っていきました。

「もしも攻撃」の背景には、子どもの不安があります。その子どもの不安を振りほどいていくと、実は家のなかに誰もいない時間が長い、保護者が夜遅くならないと帰ってこないといった児童虐待として通告する必要がある事例が出てくることもあります。

「もしも攻撃」の次に、いじめられていることを話してくれる子どもたちが、たくさんいます。

気持ちを吐き出したら笑顔に——小3男子

「あのね、帰り道でね、いやなあだ名で呼ばれるんだ。お母さんに話したんだよ。そしたら、『やだって言いなさい』って言われた。だから、『やだ』って言ってみたけど、やめてくれないんだ。だから、もうどうしたらいいかわからない」

この子の親は、子どもの話を聴いて、なんとかしなくてはと考え、いやだと言いなさいと伝えたのだと思います。どうしたらいいかわからないと言うこの子に、おとなができることは、どうしたらいいかという解決方法を伝えるのではなく、気持ちを受け止めることです。

「そうか、どうしたらいいかわからないんだね。私に話しに来てくれて、ありがとう。帰り道、いやなあだ名で呼ばれると、どんな気持ちになるの？」

「すっごくいやだ」

「そうか、すっごくいやなんだね。そんなこと、言われなくていいんだよ」

「もう、ホントいやだ！」

「いやだね」

「あ～学校なんていやだ」

「学校来るのもいやになるんだね」

私は、その子のいやだという気持ちを聴き続けました。どうしたらいいかという解決は一切伝えていません。

でも、その子は、「あ～すっきりした～」という笑顔に戻り、帰っていきました。

どうしたらいいかを考える力は、その子のなかにあります。解決する必要はないのです。ただただ気持ちを受け止め続けることが、その子の力を引き出すことにつながります。

逆に、親を心配させたくないと思い、いじめられていることを話せないでいる子どももたくさんいます。

親を心配させたくないから話せない子――小5男子

「友だちがみんなで僕のこと、いじめるんだ。先生がいないとき、ぶったり殴ったりしてくる」

「そんなとき、どんな気持ちになる？」

「もう学校来たくなくなる」

「そうだね。そんなことされたら、学校来たくなくなるね。あなたはそんなことされなくてもいい」

「いやだ。すっごくいやだ」

「いやだね。私に話してくれてありがとう。他に誰かに話したことある？」

「お母さんには絶対話せない。だって、テレビとかで、いじめられて死んじゃった子の話とかしているでしょ。だから、お母さんはすっごく心配しちゃうから、話せないよ」


子どもたちはニュースを見ています。また、ニュースを見ている親の表情も見ています。子どもたちは、大切な親だからこそ、心配かけたくないと思っています。

「そうなんだね。お母さんのことを心配しているんだね。お母さん以外には話せそうな人、いるかな？　誰に話すのかはあなたが選んでいいんだよ」

その子は、ちょっと考えていましたが、

「おじいちゃんに話してみる」

と言い、自信を取り戻した顔になり、帰っていきました。

加害に気づいた子——小4女子

一・二時間目の一組のワークショップが終わって、トークタイムの部屋で待つ私の前に座って、すぐにその子は話し始めました。ワークショップの最中は、一番真んなかに座って、発言し続けていた活発な女子です。

「あのね、今日のお話、いじめられちゃう子の話だったでしょ。でもね、私はいじめちゃうほうなの。なんかすぐむかむかしちゃって、手が出ちゃうの。やめたいんだけど、やめられないの」

「そうなんだね。それで話しに来てくれたんだ。話しに来てくれてありがとう。どうしたらいいか考えようね。どんなときにむかむかして手が出ちゃうの？」

「私のこと、いやな呼び方をされるの」

「そうか、いやな呼び方されなくてもいいよね。そんなとき、どんな気持ちになるの？」

「むかむかして、いつの間にか手が出ちゃう。本当は謝りたいんだけど、ごめんねって言えないの」

「そうか、むかむかするんだね。本当は謝りたいんだね。私に話してくれたこと、そのまま伝えていいんだよ」

「わかった！　ごめんねって言ってくる」

と、その子は元気よく帰っていきました。

中休みが始まってしばらくすると、その子がまたトークタイムの部屋に来ました。

「どうしたの？」

「二組の子に、謝りに行ったの。ごめんねって言ったんだけど、はあ？　それがどうしたの？って聞いてくれなかった」

「そうか、二組はね、これから三・四時間目にCAPをやるんだよ。その子もCAPをやってからなら、聞いてくれるかもしれないから、後でもう一度言ってみてもいいかもね」

「わかりました」

また、笑顔に戻り、教室に帰っていきました。

CAPプログラムでは、被害者の視点に立って、権利が取られたとき、何ができるかを考えていきます。加害者へ「いじめてはいけません」というメッセージをいっさい伝えません。それでも、加害に気づいて加害をやめたいと話してくれる子どもたちにたくさん出会ってきました。

自分が大切な存在であることに気づく子――小3男子

「僕、どうしても人を傷つける言葉を言っちゃうんだ。どうしたら、やめられますか?」

「そうなんだね。話しに来てくれてありがとう。どんなときにそんなことを言いたくなるの?」

「バカって言われるとき」

「そうか、バカって言われたらどんな気持ちになる?」

「いやだ!」

「いやだね。そんなことを言われなくてもいいよね。いやだって言っていいんだよ」

「うん、わかった」

話し始めたときの重苦しい表情とは打って変わり、すっきり晴れ晴れとした表情を見せてくれました。

休み時間が終わるころ、その子がもうひとりの男子を連れて戻ってきました。

「あのね、この子に、バカって言われるの、いやだって言ったんだ」

「そうか、言えたんだね」

「うん、そうしたら、もう言わないって言ってくれた。だから、二人で仲直りしたんだよ」

二人は、私の前で仲良く肩を組みながら笑っていました。

〈いじめてたけど、やめたいんだ〉ということの気づきこそ、行動の変化をもたらすもの。加害をしたくないという気持ちを起こすことこそ、暴力をなくしていくための一番の方策です。

それは、「いじめてはいけません」「暴力はダメ」という禁止のメッセージからは生まれません。すべての人が安心して自信をもって自由に生きていく権利を持つ大切な人だというメッセージが伝わったからこそ、生まれてくる気持ちであることを子どもたちが教えてくれています。

たった六〇分のＣＡＰのワークショップのなかで、権利について知り、スタッフとのやりとりで尊重されることによって、自分が大切な存在だと気付いたからこそ、他の人も大切にしたいという気持ちが生まれてくるのです。

　暴力をなくしていくために、「あなたは大切な人」というメッセージを伝えていくことこそ最も重要であるということをたくさんの子どもたちとの出会いから教えてもらいました。

　この柔軟な心こそ、子どもたちの力。その力を多くのおとなに伝えていきたい。

　子どもたちの力を引き出すためのかかわり方（エンパワメント）を伝えていきたい。

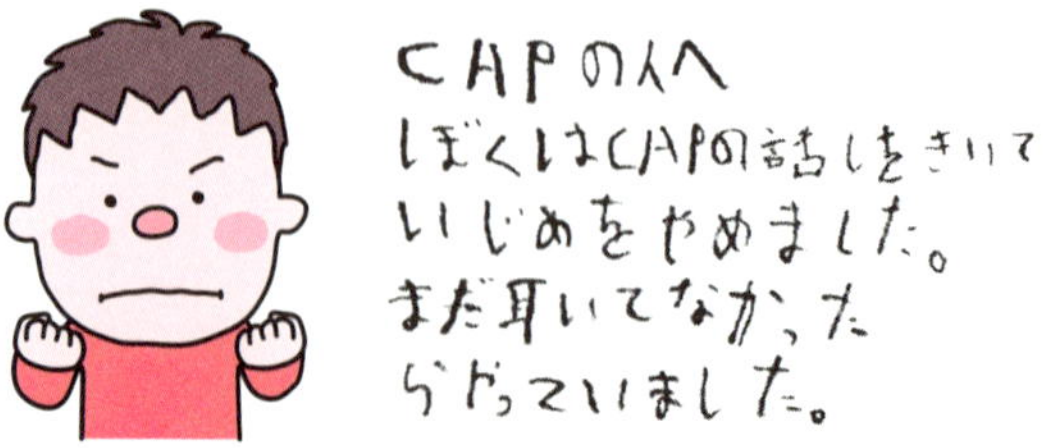
CAPの人へ
ぼくはCAPの話しをきいて
いじめをやめました。
まだ耳いてなかった
らやっていました。

第2章

暴力を受けずに生きる権利
――デートDV予防活動で伝えたいこと

「デートDV」との出会い

二〇〇三年一〇月の朝、ある友人からFAXが送られてきました。そこには、小さな新聞記事の切り抜きがありました。いまだったら、LINEやフェイスブックといったSNSで新聞記事をシェアですが、十数年前はこんな形でした。

それは、アウェアという団体の代表者である山口のり子さんが、「デートDV」を啓発するブックレットを作られたという記事でした。〈え？　デートDV？　何それ？〉。私は内心思いました。

記事には「デートDVは恋人間の暴力」と書いてありました。小さなその記事を読んだ瞬間に、ものすごくワクワクしたことを忘れられません。私は、すごい！　すごい！　と心のなかで叫んでいました。

なぜ、あのときそんなにワクワクしたのでしょう？　それは、暴力に名前が付いたことを知ったからだったのです。例えば、「セクハラ」「虐待」「DV（ドメスティック・バイオレンス）」……これらの言葉は、私が一〇代のころには使われなかった言葉です。

「セクハラ」という言葉では、私が就職したばかりのことを思い出します。私は大学を卒業して、商社に就職しました。入社前に参加した研修で、新入社員となる一〇〇人近い女性を前に、研修課長が訓示を始めました。

「皆さん、クリスマスケーキって知っていますか？　クリスマスケーキは二五日までしか売れません」。私は、最初は本当に何の話なのか意味がわかりませんでした。それが、皆さんも二五歳になるまでに結婚して退職してくださいという意味だとわかって、とても不思議な気持ちになりました。これから入社する女性たちに、三年以内に辞めることを薦められたこと、そのときは不思議だとしか思えなかった。そんなのおかしい、腹が立つという気持ちまでにはなれなかったのです。

入社して配属された営業課でも、課長レベルの方に呼ばれて、「ああなっちゃだめですよ」と、結婚しても退職せずに働いている先輩を指して教えられました。当時の女性社員は、気配りと愛嬌だけを求められていました。

いまだったら、それは「セクシュアル・ハラスメント」あるいは「ジェンダー・ハラスメント」ということが言えるのですが、その当時はその言葉がなく、女性は〝職場の華〟であればいいという考え方がまかり通っていました。

「虐待」という言葉も同じでしょう。しつけのため、あるいは目を離すと危ないからという理由で、子どもを柱に縛っておくことが当たり前の時代もあったそうです。

そして、「DV」。夫婦喧嘩は犬も食わないといわれ、家のなかのもめごとには警察も介入できない時代がありました。

現在は、セクハラ・虐待・DVという名称を得たことで、それらに対してNOを言えるようになりました。そして、それを禁止したり、あるいは被害に遭っている人を保護する法律も作られました。セクハラについては一九八五年の雇用機会均等法、虐待については二〇〇〇年に児童虐待防止法、DVについては二〇〇一年にDV防止法（配偶者からの暴力の防止及び被害者の保護等に関する法律）が制定され、それぞれの問題ごとに相談機関が各自治体に設置され、被害に対応するための制度が確立しました。

第2章 暴力を受けずに生きる権利——デートDV予防活動で伝えたいこと

DVは、婚姻関係のある人の間で起きる暴力。
デートDVは、婚姻関係のない恋人間で起きる暴力。

この「デートDV」という言葉が誕生したことで、好きになった恋人同士の間でも暴力があることを伝えることができる。好きな人であっても、いやなことにはいやだ、「NO」と言っていいことを伝えられる。デートDVという言葉だからこそ、一〇代の若者に伝えることができると思いました。

さらに、デートDVを予防することができたら、その後に続いて起きてくるDVや虐待だって減らしていくことができるのです。

だから、この言葉との出会いはこんなにワクワクしたのでした。

初めてのデートDV予防ワークショップ

「デートDV」を知った半年後の二〇〇四年四月、「エンパワメントかながわ」が立ち上がりました。エンパワメントかながわは、CAPスペシャリスト一六人によって設立されましたが、CAPプログラムだけでなく、それぞれの対象にあった暴力防止プログラムを開発し提供していくことになりました。

私はエンパワメントかながわの最初の取り組みとして、「デートDV」という言葉を使って予防プログラムを作りたいと、提案しました。

そう話したら、仲間たちが賛成してくれました。対象はまず、高校生にしようということになりました。カナダから来日した方の研修にも参加したり、若者の意見を聞くのが何より大切だと考え、大学生のモニターも募ったり、プログラムの開発が始まり、二〇〇四年の夏は、試行錯誤と熱い議論が続きました。

二〇〇五年一二月、準備を重ね、高校に初めてうかがうことになりました。C

APと同じように、スタッフが三名ずつクラス単位に行うワークショップ形式です。

当時、女子高校生といえばルーズソックスと茶髪、男子高校生は髪の毛をびっちりワックスで固めていた時代でした。

学校に入り、教室に向かうと冷たいであろう廊下の床にペチャっと座り込んでおしゃべりをしている女子生徒たち。制服のスカートは短いのですが、その下にジャージをはいています。耳にピアスを付けている子もたくさんいました。

教室に入っても、生徒はまばら。どこに行ったのかなと思いましたが、「始業のチャイムが鳴ってから移動するのです」と、先生から説明されました。確かにチャイムが鳴ると、少しずつ生徒たちが教室に戻ってきました。パンをかじりながら、音楽を聴きながら……。

先生が点呼を始めますが、まだ席に着かずに友だちとしゃべっている生徒が数人。「早く座って！」「食べるのやめて！」先生に言われても、なかなか動かないし、食べるのもやめません。机の上には教科書の他に、五〇〇mlの紙パックの飲み物、そして化粧品を入れた大きな箱を並べている女子生徒もたくさんいます。

一〇分ほどしてから、バンと音を立てて教室のドアを開け、肩をゆすりながら入ってきた男子生徒。ポケットに片手を入れ、椅子を蹴飛ばし教室のなかを歩き回る。耳にはピアスがいくつもはめられている。ニッカボッカのようなズボンをはいている男子もいる。

そんな生徒たちを先生が根気強く早く座るよう声をかけ続ける。いままでは見慣れた光景ですが、さすがに私も初めのころは内心驚くことが続きました。

ワークショップが始まると、女子生徒の机の上には、つけまつげが並べられる。左右の目に、数枚ずつ重ねて付けていくらしい。授業中ずっと丹念に化粧をしていくため、授業の前と後ではまったくの別人になります。

次の朝、廊下ですれ違って、「真紀ちゃん」と呼び掛けてくれるのですが、すっぴんの顔を見ても「えっと誰だっけ？」と思わず言ってしまっていました。

ワークショップでは、そんな生徒の間を歩きながら、声をかけ続けていきます。

「音楽やめなさい」「化粧はやめて」なんて言葉はかけません。

「ねえ、何聴いてるの？　よかったら、私たちの話も聴いてね」

第2章 暴力を受けずに生きる権利
——デートDV予防活動で伝えたいこと

「へえ、つけまつげってそうやって重ねて付けるんだね。器用だねえ」

私たちは、決して上から目線で叱らない。生徒が表している行動や態度には、一人ひとりの意味があるだろうと考えるからです。

暴力、いじめ、虐待、性暴力、デートDV、実は全く無縁に生きている人はひとりもいないかもしれない。

自分が被害を受けたことに気づき、苦しい思いをしているかもしれない。

もしかしたら、自分が加害をしたことに気づき、動揺しているのかもしれないのです。

でも、クラスのなかで自分が動揺していることを知られたくない、だからわざと、音楽を聴いているふりをしたり、大きな声で歌いだすことだってあります。

一人ひとりが何を考えているかを知ることはできません。でも、上から押さえつけては対話を始めることはできません。どなったり、叱ったりしない、子どもたちと対等にかかわろうとするおとながいるのだということを示したいのです。

イヤホンで音楽を聴いていても、突っ伏して寝ているようでも、生徒たちは、私たちの話を聴いています。それを信じて、私たちは語り続けます。

コンパスで手を傷つけている女子生徒

寒い冬の日のことでした。ひとりの女子生徒が、お化粧ではなく、コンパスの針で自分の手を傷つけていました。近づいて、「何してるの？　痛くない？」と声をかけました。その子は黙って、コンパスの針を器用に動かしながら、反対の手の甲のあたりの皮膚を削っていました。

私たちは、ワークショップが終了すると必ず、トークタイムを別室で取ります。用意していただいた部屋にメンバーと移動し、ストーブを点けてもらい休んでいると、その子がやってきました。教室より居心地がよさそうだと思ったのでしょうか。

「お習字の先生に、練習するからって嘘ついて墨汁借りてきたの」とニコニコしています。さっきコンパスの針で傷つけた皮膚に墨汁を入れていく、つまり入れ墨を自分でしようとしていたんだということを、私は初めて知りました。

驚きを顔に出さずに見守っていると、その子はいろいろと話し始めました。

実は、リストカットをやめられなくて、袖に隠れている腕は傷だらけになっている。医者に連れていかれて、皮膚を移植する手術が必要だと言われた。自分のお尻の皮膚を取って、腕に移植するっていう説明を受けたけど、うちはお金ないし、きっとできない。母親はいろいろ言うけど、でも結局自分のことなんか気にしてくれない……そんな話を普通に笑いながらしていました。

「実はさあ、中三のとき、付き合った男の子いたんだよね。学校が終わるといつも一緒に帰って、遊んでた。いつも一緒にいるのが最初はうれしかったんだけどさ、ほら、中三だから受験があるじゃん。塾に行って勉強もしなきゃいけないのに、塾をさぼってとか言われちゃってさ。私はちゃんと勉強したかったから、別れようって自分から言って別れたの。

そしたら、その子、悪いことしちゃって、鑑別に送られちゃって、その後どうなったかわからないんだよね。きっと私のせいだよね。私がそのまま付き合っていれば、彼は悪いことしなかったのに。いつも思い出してる。ほら、ここに彫ったのも彼の名前」

私は「あなたのせいではない。自分を責めなくていいんだよ。あなたはいやなことにいやだということを伝えることができたんだよね」と答えました。

これが、デートＤＶを予防するプログラムを高校生向けに開発して、最初に入った学校で出会った事例です。その子に教えてもらったことは、デートＤＶは中学からすでに起きているということでした。

デートDVは起きていた

デートDV予防プログラムを本格的に高校に届け始めると、次から次へとデートDVの事例を聞くようになります。

私たちにデートDVの事例を相談してきたのは、高校の先生方でした。

——昇降口で男子生徒が女子生徒を殴ったというので、それぞれ呼び出して話を聴いたのだが、女子生徒が、「私が悪いから仕方ないの。先生、お願い。彼を叱らないで」と泣きながら懇願する。いったい、どうしたらいいかわからない。

暴力をふるった男子生徒を指導したところ、学校に来なくなってしまい、そのまま退学した。どっちも悪いから仕方がなかったんだと職員室で話しているが、それでよかったのか。

加害した男子生徒は学校に来なくなったが、彼は父親からも暴力を振るわれているようだった。児童相談所に相談したが、一七歳ではなかなか動いてくれない。

保健室に来たときは自分のことを責めて、壁にこぶしをぶつけ続け、血がにじんでいた、と話したのは養護教諭でした。

——ある校長先生は、デートDVという言葉を今日知ったが、これまで対応してきた生徒指導の案件はほとんどがこれでしたね、と。

——体格のいい男性の先生は、「いやあ、去年担任したクラスなんですけどね、一年間に二つのケースがあって、僕七キロ痩せましたよ」と。

——「相談があるので来てください」とうかがった学校では、ベテランの男性の先生がこんな話をされました。

ひとりの女子生徒の話をずっと聴いて寄り添ってきた。彼のことが好きなんだけど、怖いこともあるらしい。相手はこの学校を退学した年上の男子。学校の前で待ち伏せをしていて彼女が出てこないと学校に乗り込み騒ぎ出したこともある。薬物を使っているようで、目がラリっている。女子生徒は私には何でも話してくれる。ついに別れようと思うとまで話したのだが、先日、妊娠したみたいだと話してきた。

そこまで話された男性の先生の目には涙が浮かんでいたことが忘れられません。

第2章 暴力を受けずに生きる権利——デートDV予防活動で伝えたいこと

まわりで起きているかも？ 自分がしているかも？ チェックしてみませんか。チェックリストのなかで、ひとつでもされているかも、まわりで起きているかも、あるいは、自分がしているかもと気づいたあなたへ。それはデートDVかもしれません。

- □ 無理やりキスやセックスをする
- □ 見たくないのにセックスの動画を見せる
- □ 妊娠なんてしないと言ってコンドームをしないでセックスをする
- □ したくないのにＳＭプレイを強要する
- □ セックスをしている時の動画をネットにアップすると脅す
- □ 裸の写真や動画を送らないと別れると脅す
- □ 無理やり中絶させる
- □ 自分以外の異性と口をきくなと約束させる
- □ 自分以外の友だちと会うと極端に不機嫌になる
- □ LINEの既読がつかないと言っていつも怒る
- □ メールなどの返信が遅いと大量のメッセージを送りつける
- □ 勝手にスマホのなかのデータを消す
- □ GPS機能のあるアプリで行動を監視する
- □ 自分の予定に合わせるために大事な約束を破らせる
- □ SNSへの投稿を常にチェックし、気に入らないことがあると怒る
- □ お金がないと言ってはデート代をいつも出させる
- □ アルバイトをさせてお金を巻き上げる
- □ 必ず返すと言って借りたお金を返さない
- □ 買えるはずのない高いプレゼントを無理やり買わせる
- □ 別れるならこれまで払ったデート代をすべて返せと脅す

「デートDV」チェックリスト

「デートDV110番」 http://ddv110.org/ から転載

- □ 思い通りにならないことがあるとキレて殴る
- □ 無理やりアルコールを飲ませる
- □ 壁際に押しつけて脅す
- □ 腕などを強い力で握る
- □ 髪を引っ張る
- □ 首を絞める
- □ 服で見えないところを噛んだり、つねる
- □ 今度同じことをしたらひどい目にあわせるという
- □ 大切にしている物を壊す
- □ 機嫌が悪いのは相手のせいだという
- □ 別れたら自殺するという
- □ 殴るそぶりをして脅す
- □ 理由も言わずに無視し続ける
- □ 殴ってもたいしたことはないという
- □ 他の人の前でも、デブ、バカなどという
- □ 自分の失敗を相手のせいにする
- □ 暴力をふるうのは相手のせいだという
- □ 暴力とやさしくするのを交互に繰り返して混乱させる
- □ 別れたら家族を痛めつけるという
- □ 趣味や特技をけなしてやめさせる

学校現場と専門機関の顔の見えるつながりを作る

二〇〇一年に制定されたDV防止法は、二〇一三年の改正で、生活の本拠を共にする（一緒に暮らしている）交際相手からの暴力についても、法の適用対象としましたが、親元から学校に通う高校生同士のデートDVに適用する法律はありません。

デートDVには法律がないから、何もできないのでしょうか？

法律はなくても、デートDVはすでに学校現場でも起きているのです。

デートDVという言葉で予防教育を普及するだけでは問題は解決できないことを知った私たちは、すでに起きているデートDVの相談体制も作りたいと考え、二〇〇九年度から五カ年計画で、神奈川県との協働事業「デートDV（恋人間の暴力）防止のためのシステム構築事業」を始めました。

デートDVについての専門機関はなくても、デートDVに関連して起きている

第2章 暴力を受けずに生きる権利——デートDV予防活動で伝えたいこと

児童虐待、少年非行、暴力事件、ストーカー、予期せぬ妊娠、自傷行為などそれぞれに対応する専門機関はすでに存在していますから、それぞれの専門機関と学校現場に顔の見える連携体制を作っていきたいと考えました。

そこで、県内の九つの機関に呼びかけ、検討委員会を発足しました。

女性相談関係として、県人権男女共同参画課、かながわ女性センター、女性相談所。

教育関係として、教育委員会、総合教育センター。

警察関係として、県警生活安全総務課、少年相談保護センター。

民間では、子どもシェルターを持つＮＰＯ法人子どもセンター・てんぽ、そしてエンパワメントかながわ。

一年間五回の検討委員会を五年続けて開催しましたが、最初のころは本当に苦労したのを思い出します。

出席された委員の方から出る言葉で印象的だったのは、「それはできません」という言葉でした。それぞれの部署の業務は決められているので、そこを越えることはできないという縦割り行政を目の当たりにしました。

それでも、「デートＤＶはあるんです。人と人とのつながりでいいから作っていきましょう」と毎回根気強くお願いしました。

デートＤＶの相談体制を作るために、まずはデートＤＶが県内で実際に起きていること、つまりデートＤＶがあることを共有したい。そのために高校の養護教諭の先生を検討委員会に招き、事例を話していただいたこともありました。検討委員会の雰囲気が少しずつ変わっていきました。

こんなときどうしたらいいの？　という事例ごとの対応をまとめた「デートＤＶ相談のためのハンドブック～学校編」も作成して県内の高校に配付しましたが、それでも「デートＤＶ」という言葉を使うためには、必ず左記のような但し書きを入れる必要がありました。

※「デートＤＶ」という言葉について、法的な根拠はなく、神奈川県教育委員会では、「交際相手からの暴力（いわゆる「デートＤＶ」）」という表記を使用しています。

三年目の二〇一一年一二月に開催した「デートDV相談のためのシンポジウム」では、検討委員の皆さんと積極的に協力し合う関係ができていました。そのシンポジウムでは、関係機関と学校が具体的な連携を検討していくために、ひとつの仮想事例を掲げました。

高校二年生（一七歳）の女子Aは、昨年から付き合っていた男子B（半年前に退学した一つ上の先輩で一八歳）について、養護教諭Cに相談をしている。

AはBから身体的暴力を受けたことをCに何回か相談している。そのときは、もう別れたいと言うのだが、しばらくするとやっぱり好きだからと交際が続いていた。

男子Bは、在学中も暴力的だったが、退学した後もAに会うために毎日のように学校にやってくる。ある日、Aと一緒に帰った友人Dが、公園でBに暴行を受けた。Dは軽傷だったが、Aは歯が折れた。

友人Dの保護者が問題にし、Aと一緒に警察に出かけ事情を話し、被害届を書くまでには至ったが、最終的にAが納得できず、Dも被害届を出さずに帰ってきた。

Aの家庭は、実母と継父、実母と継父との間に生まれた弟（一歳）が同居し、居場所がないと言っている。

Bの家庭は、母と二人暮らしらしい。Bは現在、フリーター。

Aは、心の揺れを養護教諭Cにだけは話すことができている。先日、「今度こそ別れる」とは言ったものの、同時に妊娠していること、どうしても産みたいことを話してきた。親に話すよう言ったが、自分の親は全く無関心だから話したくないと言っている。


登壇していただいた高校のK先生のコメントは、「この事例は、スタンダードなパターンです」でした。

この一言をいただいたおかげで、それまでの苦労がすべて消えていったような気がしました。

デートDVという表面に現れた問題のふたを開けてみると、なかから芋づる式にたくさんの問題があふれ出します。

だから、デートDVの相談対応では、デートDVだけを解決することは決してできないし、それで終わりにしてはならない。

生徒の人権を守っていくためには、学校現場とさまざまな専門機関がつながることが必要であり、それは、人と人とがつながることだと考えています。

デートＤＶ一一〇番の開設

この協働事業のなかで、もうひとつ行った大きな事業が、電話相談の開設です。相談体制を作るというのなら、窓口としての電話相談が必要ということになり、エンパワメントかながわとしては初めての取り組みとなる電話相談事業に挑戦することになりました。

ＤＶの相談窓口は、ＤＶ防止法のもと、全国に整備されています。しかし、法的根拠のないデートＤＶの被害者への対応は、ＤＶ防止法によって作られた保護のためのレールに乗せることができるＤＶとは、根本的に違うのです。

従来のＤＶ相談は、女性だけを対象としている窓口がほとんどですが、デートＤＶには男性の被害者もたくさんいます。また、デートＤＶをなくしていくためには、被害者だけでなく、加害に気づいた人や、保護者や教職員、友人などの周囲の人からの相談も受け付けていく必要があるだろうと考えました。

二〇〇九年から二年がかりで準備をし、デートＤＶ電話相談員養成講座を開催しました。一〇代の子どもたちの人権を守るために、子どもたちの相談を対等に聴くことができる相談員が必要だとしたら、相談員を募集して相談窓口を開設するのではなく、相談員の養成から自分たちでやっていこうと考えたからでした。

修了者のなかから選考された相談員によって、二〇一〇年一二月二五日、ついに「デートDV一一〇番」を開設しました。デートDVに特化した電話相談としては全国でも初めてということで、新聞各紙にも取り上げられました。あらかじめ神奈川県内の高校の全クラスにポスターが貼られました。

一〇代のカップルの三組に一組で起きていると言われるデートDVです。困っている子どもたちはたくさんいるのだから、電話相談には初日から相談が殺到するだろうと想像していました。いまから考えれば笑ってしまうような話ですが、当時は本気でそう考え、開設前夜は一睡もできませんでした。しかし開設の初日、電話機を前に固唾をのみ待機する相談員をよそに、一回も電話は鳴りませんでした。

もちろん、そのまま相談がなかったわけではありません。翌日のNHK首都圏ニュースで紹介されると、次の瞬間から相談が殺到しました。そういった波はすぐに落ち着くものですが、その後、広報を繰り返し、また、開設当初は週に一回土曜日だけでしたが、翌年からは相談日を平日に増やし、相談件数は徐々に増えていきました。

デートDVについて、具体的に想像していただくために少し前後しますが、二〇一六年に実施した「全国デートDV実態調査報告書」(一五四ページ参照)より、自由記述を抜粋します。

【被害について〈女性〉】

○付き合っていた人にケータイを投げられたり、勝手にケータイをとられたりした。(15歳)

○バイト帰りに家までついてきたり、いやなのにだきつかれたり、いろいろ辛い過去があった。きらいだったから、別れ話を出した。LINEとか1日50件来たこともあった。しつこすぎて本当に病んだ。（16歳）
○LINEの返信をしないと何通も送られてきたり、「殺す」など言われたことがある。（18歳）
○いつ、どこで、何をしているのか、写真付きで送る。1日の日程を伝えないといけない。（20歳）
○「死ぬから。ケーバン（携帯番号）、住所、フルネーム、アドレス、さらすで」って言われた。（15歳）
○別れるときに「なら死ぬ」と言って、ベランダに出て飛び降りるふりをされ、本当に怖くなった。（18歳）
○別れ話をしたら、「時間と金を返して。時間は返せないよね？　なら別れない」と言われたことがあります。（18歳）
○急に不機嫌になる。それなのに一緒にいたがる。（19歳）
○大量の睡眠薬を目の前で飲まれたことがある。刃物を持って「死んでやる」と言われたことがある。（20歳）

○殴られる。蹴られる。（14歳）

○とにかく性的なことを強要された。嫌がるとイライラして怖かった。メールや連絡もたくさんきて「遅い」と怒られた。（19歳）

○いきなり自分のあそこの写真をとって送られたことがある。（18歳）

○裸にされて、服を外に投げて、自分も外に引きずり出されたことがあります。別れたり、そういうことを言ったら「殺しに行く」とずっと言われていました。（20歳）

【被害について〈男性〉】

○他の女子とのLINEは必ずチェックする。ツイッターはチェック（裏アカも）。「勉強するね」って言うと、「話したくないんだ」とか言われる。（16歳）

○携帯を勝手に見られて、女子と話したりしていると怒られた。（17歳）

【加害について〈女性〉】

○束縛した感あります。(19歳)

【加害について〈男性〉】

○好きという固定観念にとらわれて、限度がわからないという状況におちいった。する側もされる側も限度を知ることが大事。(16歳)

【見聞きしたことについて〈女性〉】

○男友だちとLINEをしていた彼女は、彼氏に「もうメールするな」と言われて、男友だちのLINEを消された。外出禁止にされた。(12歳)

○友人の元カレが、友人の電話帳に登録されている他の男子の電話番号とか消したり……。(16歳)

○メールを一度始めるとなかなか終わらなくて困っているというのを聞いた。必ず1日1回はメールをするようにと言われているのを聞いた。(18歳)

○友人が彼氏に、友人関係や遊びにいくことなどの報告をさせられている。大学の子と遊ぶのを制限させられている。（19歳）
○友だちが、彼氏から「異性のいる場所に行ってはいけない」と言われていた。（20歳）
○私の兄が彼女に、女友だちのメアド消去やストーカーをされていた。（20歳）
○友人が別れる時、「今までのお金を返さないと別れない」と言われていた。（19歳）
○彼氏から首を絞められたことがあると、友だちから聞いたことがあります。（18歳）
○3年生の先輩は、セックス中にハメ撮りされたと言っていた。（15歳）

※出典「デートDV白書VOL.5」（エンパワメントかながわ、二〇一七年）

高文研
教育書
出版案内
2025年

KOUBUNKEN
高文研
〒101-0064 東京都千代田区神田猿楽町2-1-8　三恵ビル
☎03-3295-3415　郵便振替 00160-6-18956
https://www.koubunken.co.jp

この出版案内の表示価格は本体価格で、別途消費税が加算されます。
ご注文は書店へお願いします。当社への直接のご注文も承ります（送料別）
なお、上記郵便振替へ書名明記の上、前金でご送金の場合、送料は当社が負担します。

◎オンライン決済・コンビニ決済希望は から

【人文書・社会問題】の出版案内もございます。ご希望の方には郵送致します。
◎各書籍の上に付いている番号は【ISBN 978-4-87498-】の下4桁になります。

◈ 教師のしごと・小学校教師の実践 ◈

752-0
「いろんな人がいる」が当たり前の教室に
原田真知子著
上間陽子解説
おたがいをみとめ、許し許される学級を、様々な学びを通して作ってきた実践記録。
2、300円

754-4
学校ってボクらの力で変わるね
植田一夫著
学校の主人公は子どもたち。子どもたちを信じて頼り、任せて見守る実践の全貌。
2、200円

791-9
危機の時代と教師のしごと
山﨑隆夫著
希望が見えにくいこの危機の時代に、何が教育や教師に求められているのか。
2、000円

613-4
教室は楽しい授業でいっぱいだ
山﨑隆夫著
子どもも受けて楽しい、教師も教えて楽しい授業実践入門。
1、700円

506-9
〝遊び心〟で明るい学級 学級担任「10」のわざ
齋藤修著
明るい学級の「授業づくり」16のポイント
1、400円

380-5
はじめて学級担任になるあなたへ
野口美代子著
不安のあなたへ一挙公開する担任のワザ。
1、200円

292-1
のんちゃん先生の楽しい学級づくり
野口美代子著
子どもたちの笑顔がはじける学級づくり。
1、300円

889-3
子ども参加で変わる教室
埼生研常任委員会編著
「子ども参加」のヒントと「子どもの権利」の具体的な姿を学ぶ、実践と解説。
2、200円

630-1
子どもにやさしい学校に
古関勝則著
子どもの話をじっくりと聞ける学校。福島の子どもから学んだ、学校のあるべき姿。
1、500円

718-6
もっと話がうまくなる
丹野清彦著
ドラマや映画のセリフを活用した、子どもが思わず聞きたくなる21の話し方。
1、500円

647-9
子どもの願い いじめvs12の哲学
丹野清彦著
教室に被害者も加害者も出したくない。教師として何をすべきなのか考える。
1、500円

363-8
がちゃがちゃクラスをガラーッと変える
篠崎純子・溝部清彦著
子どもとの対話に強くなる「知恵」と「技」
1、300円

537-3
ドタバタ授業を板書で変える
溝部清彦著
学習に興味がわく活気ある授業の組立と板書をカラーで大公開!
1、500円

398-0
子どもをハッとさせる教師の言葉
溝部清彦著
「言葉」は教師のいのち。子どもを変えたセリフ20を実話とともに伝える。
1、300円

588-5
授業を見直す16のポイント 信頼を育む9つのわざ
齋藤修著
「授業づくり」16のポイントと、子どもたちとの豊かな信頼関係づくりのコツ。
1、400円

631-8
地域を生きる子どもと教師
中野譲著 解説=竹内常一・山田綾
学びとは何か、生きる知識とは何か。地域の中で子どもと共に学ぶ教師の実践。
1、900円

419-2
保護者と仲よくする 5つの秘訣
今関和子著
なぜ保護者とのトラブルが起きるのか。子どもの生きづらさ、親の生きづらさに寄り添う。
1、400円

563-2
子どもから企画・提案が生まれる学級
関口武著
子どもの願い、要求を実現させていく、子どもの提案いっぱいの学級づくり!
1、600円

487-1
1年生の担任になったら
新居琴著
工夫・アイデアいっぱいで笑顔と安心の教室をつくる。ベテラン教師の指導法。
1、500円

137-5
授業がなりたたないと嘆く人へ
相澤裕寿・杉山雅著
既成の〝授業らしい授業〟へのこだわりを捨てた二人の実践家が発想と方法を語る。
1、165円

076-7
いま授業で困っている人に
山本洋幸著
「自分の」授業をどうつくるか?——ベテラン教師の実践的授業論。
1、000円

この出版案内の表示価格は本体価格で、別途消費税が加算されます。

◈ 思春期の心と体を見つめる ◈

814-5
新版 どうなってるんだろう？子どもの法律
山下敏雅・渡辺雅之編著　２、２００円
改正少年法・民法についても平易に解説！

687-5
どうなってるんだろう？子どもの法律 PARTⅡ
山下敏雅・渡辺雅之編著　２、０００円
知っておきたい法律・人権のこと。

648-6
「道徳教育」のベクトルを変える　◆その理論と指導法
渡辺雅之著　２、０００円
道徳を「教科化」した文科省。背景と問題点。

541-0
いじめ・レイシズムを乗り越える「道徳」教育
渡辺雅之著　１、５００円
歪んだ愛国心を植え付ける道徳の教科化。

775-9
マイクロアグレッションを吹っ飛ばせ　◆やさしく学ぶ人権の話
渡辺雅之著　１、７００円
自覚のない小さな差別をどう克服するか？

761-2
最後まで読まれなかった「クリスマスの物語」
渡邉信二著　２、０００円
生徒の死と共に学んだ「いのちの授業」。

664-6
暴力を受けていい人はひとりもいない
阿部真紀著　１、２００円
子どもへの虐待・いじめ・デートDV…。

815-2
家族……されているあなたにお願い　◆今すぐこの本を持って保健室へ行こう
獅城けい著　１、７００円

085-9
人はなぜ心を病むか　●思春期外来の診察室から
吉田脩二著　１、４００円
人間らしく生きるとはどういうことか。

397-3
ひきこもりの若者と生きる　●自立をめざすビバハウス七年の歩み
安達俊子・安達尚男著　１、６００円
彼らの再起と自立への道を探る。

141-2
不登校　●その心理と学校の病理
吉田脩二＋生徒の心を考える教師の会　３、２００円
思春期精神科医が、不登校の本質を解きあかし、背景にある学校の病理を示す。

226-6
不登校のわが子と歩む親たちの記録
戸田輝夫著　１、７００円
わが子の不登校に直面し絶望の中から新たな人生へ踏み出していった親たちの記録。

201-3
あかね色の空を見たよ　●５年間の不登校から立ち上がって
堂野博之著　１、３００円
不登校の不安と鬱屈を独特の詩と絵で表現。

171-9
いじめの心理構造を解く
吉田脩二著　１、２００円
自我の発達過程と日本人特有の人間関係の視座からいじめの構造を解き明かす。

393-
若者の心の病
森　崇著　１、５００円
若者の心の病はどこから生まれるのか？　全国でただ一つの「青春期内科」のレポート。

244-0
まさか！わが子が不登校
廣中タエ著　１、３００円
まさかの事態、不登校。揺れ動く心を涙と笑いで綴った母と息子の詩画集。

278-5
保健室は今日も大にぎわい　●思春期・からだの訴え・心の訴え
神奈川高校養護教諭サークル著　１、５００円
心とからだに向き合う保健室からの報告。

300-3
いのちまるごと子どもたちは訴える
田中なつみ著　１、５００円
ベテラン養護教諭の保健室記録。

222-8
若い人のための精神医学
吉田脩二著　１、４００円
よりよく生きるための新しい人生論。

841-1
否定の中に肯定をつかむ弁証法ノート
折出健二著　２、７００円
「生きるとはどういうことか」。

◈心を豊かにする詩の世界◈

455-0

子どもと読みたい子どもたちの詩

溝部清彦 編著　1、500円

心情豊かに綴った114編の子どもたちの詩。

299-0

中・高校生と読みたい **若い日の詩**

高文研編　1、700円

中高生たちの心に届けたい82編の詩。

255-6

高校生 川柳 狂歌集

カンニングやりて空しき家路かな

高文研編／芝岡友衛画　1、400円

心情を笑いに包んで詠んだ418編。

461-1

CDブック **獄中詩集 壁のうた**

冤罪・布川事件 桜井昌司著 2、000円

43年振りに再審無罪を勝ち取った冤罪・布川事件。29年の獄中で綴った詩集。

品切れ中

546-5

詩の力 「東アジア」近代史の中で

徐 京植著 2、400円 徐京植評論集Ⅱ

朝鮮の詩人たち、母、プリーモ・レーヴィをめぐる著者初の詩と文学の評論集。

680-6

子どもの涙 ある在日朝鮮人の読書遍歴

徐京植著　2、000円

寺田寅彦や魯迅など、作家・徐京植が心の

◈考える高校生◈

018-7
私学にひるがえる旗
愛知私教連編　1、000円
屈辱をバネに立ち上がった私立高校生、教師、父母たちの教育創造のドラマ。

205-1
父母とのすれちがいをどうするか
全国生活指導研究協議会編　1、300円
教師受難の時代、不振を生む原因を解きほぐし、対話と協同への道を探る。

007-1
高校生の山河
岩渕国雄著　780円
いま生徒自治の大樹が枝を張り始めた。全校自治集団の誕生を描いた記録。

039-2
生活指導二十年
●［非行］とたたかいつづけて
水上久男著　1、400円
学級集団づくりから全校集団づくり実践。

016-3
英雄はいらない
新井朋重著　1、000円
様々な境遇を背負いつつ集団の中で動き、告白し励まし合った工業高校の熱い記録。

029-3
のびのび生活指導
神保　映著　900円
子どもを伸びやかに生かす生活指導のエッセンス。ユニークな発想と実践記録。

040-8
教師にいま何が問われているか
服部　潔・家本芳郎著　1、000円
教師はいかにしてその力量を高めていくのか？二人の実践家が大胆に提言する。

121-4
「事件」を恐れない生活指導
高橋俊之・松尾駿一編著　1、500円
家出・バイク事故・喫煙・暴力……。課題に取り組む教師たちのドキュメント。

175-7
進路　わたしはこう決めた！
高文研編著　1、200円
進路選択は高校生にとって最大の課題。迷い、悩みつつ選びとった体験記。

151-1
学校はどちらって聞かないで
青年劇場＋高文研編著　1、000円
『翼をください』の舞台に寄せられた高校生の痛切な声と役者たちの共感。

008-8
高校時代をどう生きるか
梅田正己・金子さとみ著　800円
高校時代は何に立ち向かい、何によって自己を形成していくのか。

012-5
新版　考える高校生
梅田正己著　1、000円
授業・生徒会・進路決定など、高校生の〈声〉で光をあて、共に考える。

114-6
高校生おもしろ白書
『考える高校生』編集部編　900円
高校生が作った川柳二〇〇句と、身近なケッサク小話一一六編。

115-3
高校生ってなんだ
金子さとみ著　950円
校則改正に取り組み、高校時代を全力で生きた高校生たちのドラマ。

116-0
若い市民のためのパンセ
梅田正己著　1、200円
いじめ、暴力、校内言論の不自由から、戦争、ナショナリズムまで解説。

118-4
高校生が答える同世代の悩み
高文研編集部編　950円
大人なら答えに窮する難問も、同じ悩みをもった経験をテコにズバズバ回答。

119-1
高校が「泥棒天国」ってホントですか？
高文研編集部著　1、100円
校内の盗難、授業中のガム、いじめ、体罰問題など、実態と問題の構造を探る。

019-4
差別と戦争を見る眼
梅田正己・金子さとみ著　1、000円
差別と戦争について、若い世代の声をベースに根底から考える。

◈日本国憲法・平和教育◈

658-5
憲法ドリル
●現代語訳・日本国憲法
中村くみ子編著　1、200円
難しいと思っていた憲法も、ゆるりと学ぶ。

840-4
憲法改正と戦争
●52の論点
清水雅彦著　1、200円
「戦争をする国づくり」を阻止するための憲法論。

525-0
憲法変えて「戦争のボタン」を押しますか？
清水雅彦著　1、200円
国民主権を破棄する自民党改憲草案の危険性を批判。現行憲法との条文対照表付き。

189-4
劇画　日本国憲法の誕生
古関彰一　画　勝又進　1、500円
日本国憲法誕生のドラマを、漫画家と憲法研究者が組んでダイナミックに描く。

242-6
【資料と解説】世界の中の憲法九条
歴史教育者協議会編　1、800円
世界史を貫く戦争違法化・軍備制限をめざす宣言・条約・憲法を集約。使える資料集。

712-4
Let us thinku about Kyujo!
奈良勝行・瀧口優著　1、400円

887-9
「近現代史」を子どもにどう教えるか
平井美津子・山元研二著　2、000円
学校で〝駆け足〟で学んだ日本現代史を学び直す。中学社会科教師が厳選20のテーマ。

880-0
《新装版》「慰安婦」問題を子どもにどう教えるか
平井美津子著　1、600円
戦争の実相を伝えたい！「慰安婦」問題に出合った中学教師の20年にわたる実践記録！

689-9
「西郷隆盛」を子どもにどう教えるか
山元研二著　1、500円
評価が難しい西郷隆盛を授業でどう扱い子どもに教えるか？様々な角度から迫る。

826-8
「特攻」を子どもにどう教えるか
山元研二著　1、900円
「命、人権は何より大切である」という価値観を、「特攻」を通して学ぶ実践記録。

369-0
第２版
未来をひらく歴史
■日本・中国・韓国＝共同編集
日中韓３国共通歴史教材委員会編著　1、600円
史上初3カ国で作り上げた先駆的歴史書。

480-2
育鵬社教科書をどう読むか
子どもと教科書全国ネット21編　1、800円

453-6
いのち、学び、そして9条
佐藤学・田中孝彦・小森陽一・教育子育て九条の会編著　1、100円
教育、子育てに憲法を生かそう！

354-6
国旗・国歌と「こころの自由」
大川隆司著　1、100円
国旗・国家への「職務命令」による強制は許されるのか。法規範を総点検する。

327-0
「日の丸・君が代」処分
「日の丸・君が代」処分編集委員会＝編　1、400円
思想・良心の自由を踏みにじり、不起立の教師を処分。苦悩の教育現場から伝える。

465-9
東京の「教育改革」は何をもたらしたか
渡部謙一著　1、800円
東京の教育が変貌していく過程を検証。

216-7
学校はだれのもの!?
広中建次・金子さとみ　1、400円
高校生の自主活動を押しつぶすのは誰か。所沢、尼崎東、桂高校のたたかいを描く！

321-8
心理学者が考えた
「心のノート」逆活用法
伊藤哲司著　1、400円

版案内の表示価格は本体価格で、別途消費税が加算されます。

◈学童保育・子どもの発達に寄り添う◈

618-9 学童保育に作業療法士がやって来た
糸山智栄・小林隆司著 1、200円
作業療法士の視点に学ぶ発達障害児支援。

643-1 子どもにやさしい学童保育
糸山智栄・鈴木愛子著 1、300円
子どもの放課後の"居場所"が安心して過ごせる場所に！ 施設づくり提案の色々。

651-6 どの子も笑顔で居られるために
下浦忠治著 1、300円
二度とこない子ども時代を笑顔で過ごせる環境にするために、取り組みを示す。

728-5 子どもの権利条約を学童保育に活かす
安部芳絵著 1、800円
子どもの権利条約の理念から各条文の解説まで、学童保育での実例も交え紹介。

780-3 「おやつ・食事」を通した生活づくり
●子どもと営む学童保育の「食」の時間
高橋比呂映・平本福子著 1、500円
子どもたちにとっての「おやつ」の意味とは。

800-8 日本全国続々と学童保育に作業療法士がやって来た 1、500円
糸山智栄・小林隆司ほか著
全国での取り組み、施策の広がりをリポート。

528-1 しあわせな放課後の時間
●デンマークとフィンランドの学童保育に学ぶ
石橋裕子・糸山智栄・中山芳一著 1、600円
〈解説〉庄井良信
デンマークとフィンランド。放課後視察記。

830-5 感情コントロールに苦しむ子ども 理解と対応
楠凡之・丹野清彦著 1、700円
複雑な感情を理解するための事例と解説。

290-7 少年グッチと花マル先生
溝部清彦著 1、300円
豊かさと貧困の中で生きる子どもたちの姿を、子どもの目の高さで描いた物語。

302-2 学童保育指導員ドド先生物語
八田圭子著・前田美子解説 1、200円
子どもたちと共に日々を生きる指導員の悩みと喜び。映画「ランドセルゆれて」原案。

326-3 自分の弱さをいとおしむ
●臨床教育学へのいざない
庄井良信著 1、100円
親や学校や学童保育の現場に贈るメッセージ。

423-9 わたしは学童保育指導員
河野伸枝著 1、500円
指導員歴20数年のベテランが贈る感動記録。
※品切れ中

493-2 子どもも親もつなぐ学童保育クラブ通信
河野伸枝著 1、500円
学童保育通信のコツとアイデアを披露。

538-0 困らせていいんだよ、甘えたっていいんだよ！
篠崎純子著 1、500円
一教師の心温まる教育実践95話。

885-5 あの子はなぜ荒れるのか
楠凡之・丹野清彦著 1、700円
発達障害・アタッチメントとトラウマ・インフォームドケア。

486-4 自閉症スペクトラム障害の子どもへの発達援助と学級づくり
楠凡之著 1、800円
どんな援助が必要なのか。実践例で検証。

456-7 発達障がい ●こんなとき、こんな対応を
成沢真介著 1、300円
長年の経験から困ったときの対応・関わり方を4コマまんがと共に伝える

418-5 ねぇ！聞かせて、パニックのわけを
篠崎純子・村瀬ゆい著 1、500円
発達障害の子の困り感に寄り添い、ユニークなアイデアで発達を促した実践記録。

234-1 子どものトラブルをどう解きほぐすか
宮崎久雄著 1、600円
人間関係のもつれを鮮やかに解きほぐす。

この出版案内の表示価格は本体価格で、別途消費税が加算されます。

◈新しい授業を求めて　英語・国語 他◈

もっと豊かに！ 授業と評価 **創造的！ 英語の「3観点評価」**	新英語教育研究会編 1,100円 関心の高まる小・中・高の「3観点 と英語授業の実践の報告。
Let us think about Kyujo!	奈良勝行・瀧口優著 1,400円 憲法9条について考えてみませんか 英語授業の素材として最適の一冊
現場発! 人間的な英語の授業を求めて	池田真澄著 2,200円 混迷を深める英語教育に確かな指 教師必読の書。佐藤学氏推薦！
英語授業・全校での協同学習のすすめ	根岸恒雄著 2,000円 英語授業での協同学習と学校改 しく紹介。佐藤学氏推薦！
Ryuhei:Courage to Live It **龍平 生き抜く勇気を**	川田龍平著 900円 この時代を生きる若い人に伝え ッセージ」！ 英文と対訳。
英語で読む 漫画 **「マルクス&エンゲルス」 vol.1**	野口美代子原作 丸川楠美画 鵜沢亜紀子訳 漫画「マルク ルス」を英語
英語で読む 漫画 **「マルクス&エンゲルス」 vol.2**	野口美代子原作 丸川楠美画 鵜沢亜紀子訳 漫画「マルク ルス」を英語
英語で読む 漫画 **「マルクス&エンゲルス」 vol.3**	野口美代子原作 丸川楠美画 奈良勝行訳 漫画「マルク ルス」を英語
英語で読む 漫画 **「マルクス&エンゲルス」 vol.4**	野口美代子原作 丸川楠美画 奈良勝行訳 漫画「マルク ルス」を英語
英語教育で何を教えるのか	長谷川清著 1,50 受験と会話ブームでダメにさ の本質をえぐり出し、変革を
【下村昇の漢字ワールド①】 日本の漢字・学校の漢字	下村昇著 1,6 小学校の教師と子どもをも した「漢字教育」の集大成！
【下村昇の漢字ワールド②】 漢字の成り立ち	下村昇著 1, 漢字の成り立ちの考え方、 漢字の面白さがわかる本。
【下村昇の漢字ワールド③】 口唱法とその周辺	下村昇著 1, 自ら提唱する「口唱法」を ポイントを全公開！
【下村昇の漢字ワールド④】 生きている漢字・死んでいる漢字	下村昇著 小学校の漢字を巡る実態を 察した教師必携の本。
【下村昇の漢字ワールド⑤】 ひらがな・カタカナの教え方	下村昇著 意外な盲点、ひらがな・カ 述。家庭でも役に立つ本！
これならできる **漢字指導法**	岡 篤著 漢字は学力の基礎。無味 どもが楽しみながら学ぶ
地理を楽しく	地理教育研究会編著 子どもを引きつける60の 地理授業へのヒント満載
基礎・基本「計算力」がつく本 ●小学校1・2・3年生版	深沢英雄著 わかる楽しさを伝えなが 導法。基礎計算プリント
新版 楽しい「授業づくり」入門	家本芳郎著 落ちこぼれを出さない「 か。授業に強くなる方法
イラストでみる **楽しい「授業」入門**	家本芳郎著 新人からベテランまで る実践手引き！

この出版案内の表示価格は本体価格で、別途消費税

38
高良鉄美・毛利豊著
日本国憲法を国民の「権利の章典」として
1、500円

367-
高嶋教科書裁判が問うたもの
高嶋教科書訴訟を支援する会編
高嶋教科書訴訟では何が争われ、何が明らか
2、000円

」を選手に取って批判する。

この出

デートDVの構造を理解する

デートDV一一〇番の相談のなかで、特徴的なものとして、被害者の母親からの相談があります。特に、娘の被害についての相談ですが、多くの場合、加害者に対しての強い怒り、あるいは焦燥、無力感にさいなまれている様子がうかがわれます。

もし、皆さんの大切な娘がデートDVの被害に遭っていると気づいたら、皆さんだったらどうするでしょうか？　どんな気持ちになるでしょうか？

大切に育ててきた娘を傷つけられたことに気づくことは、大変なショックでつらいことだと思います。なんとかして、「別れさせなくては！」と思うのは当然の心理だと思います。でも、「そんな人、さっさと別れなさい」という言葉は実はNGです。デートDVの構造を理解して適切な対応をすることが必要になります。

デートDVにはサイクルがあると言われています。暴力をふるった後に、一転

デートDVの特徴

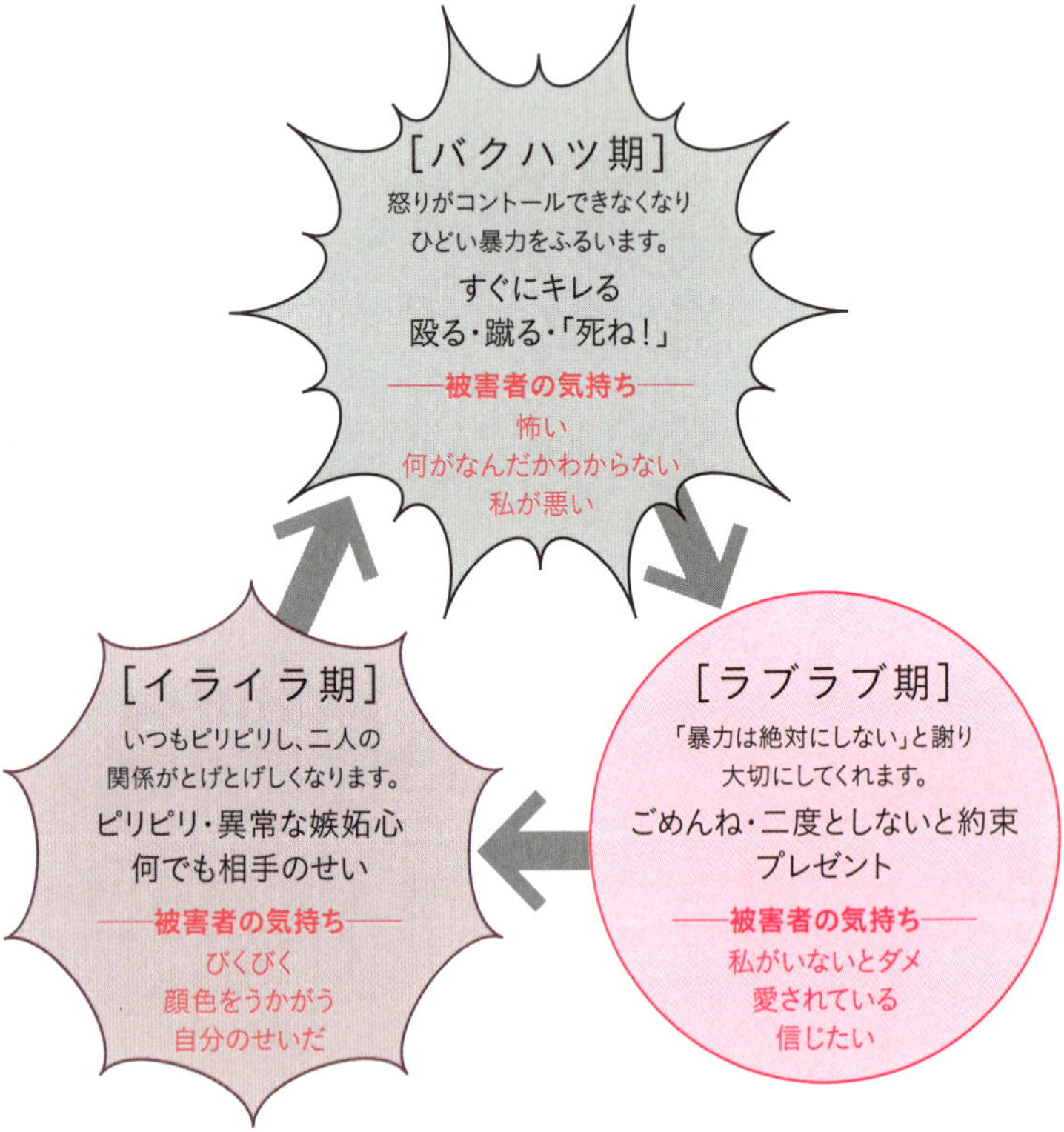
[バクハツ期]
怒りがコントロールできなくなり
ひどい暴力をふるいます。
すぐにキレる
殴る・蹴る・「死ね!」
——被害者の気持ち——
怖い
何がなんだかわからない
私が悪い
[ラブラブ期]
「暴力は絶対にしない」と謝り
大切にしてくれます。
ごめんね・二度としないと約束
プレゼント
——被害者の気持ち——
私がいないとダメ
愛されている
信じたい
[イライラ期]
いつもピリピリし、二人の
関係がとげとげしくなります。
ピリピリ・異常な嫉妬心
何でも相手のせい
——被害者の気持ち——
びくびく
顔色をうかがう
自分のせいだ

して優しくなり、二度としないと謝り、一見ラブラブな時期が戻ってきます。しかし、長くは続きません。また、ピリピリして相手の顔色をうかがうようなイライラ期が訪れ、何かのきっかけで再び暴力をふるう。このサイクルを繰り返しながら、周期がだんだんと短くなり、振るわれる暴力がエスカレートしていくという特徴があります。

常に暴力をふるっているわけでもなく、優しいときもたくさんあるからこそ、被害に遭っていることに「気づきにくい」のも特徴です。そして何より、「簡単に別れることができない」ことを多くの人に理解していただきたいと思っています。

結婚していないのだから、別れればいいのに、なんで別れないの？ そう思われる方が多いのですが、この暴力が繰り返され、だんだんとエスカレートするなかで、別れを切り出したら、もっと怖いことが起こることを教え込まれているのです。

被害に遭っている娘の心理を理解することも必要です。自分が好きになった人のことを自分の親や友人に否定されたくないという気持ちや、心配をかけたくな

負のスパイラルの図

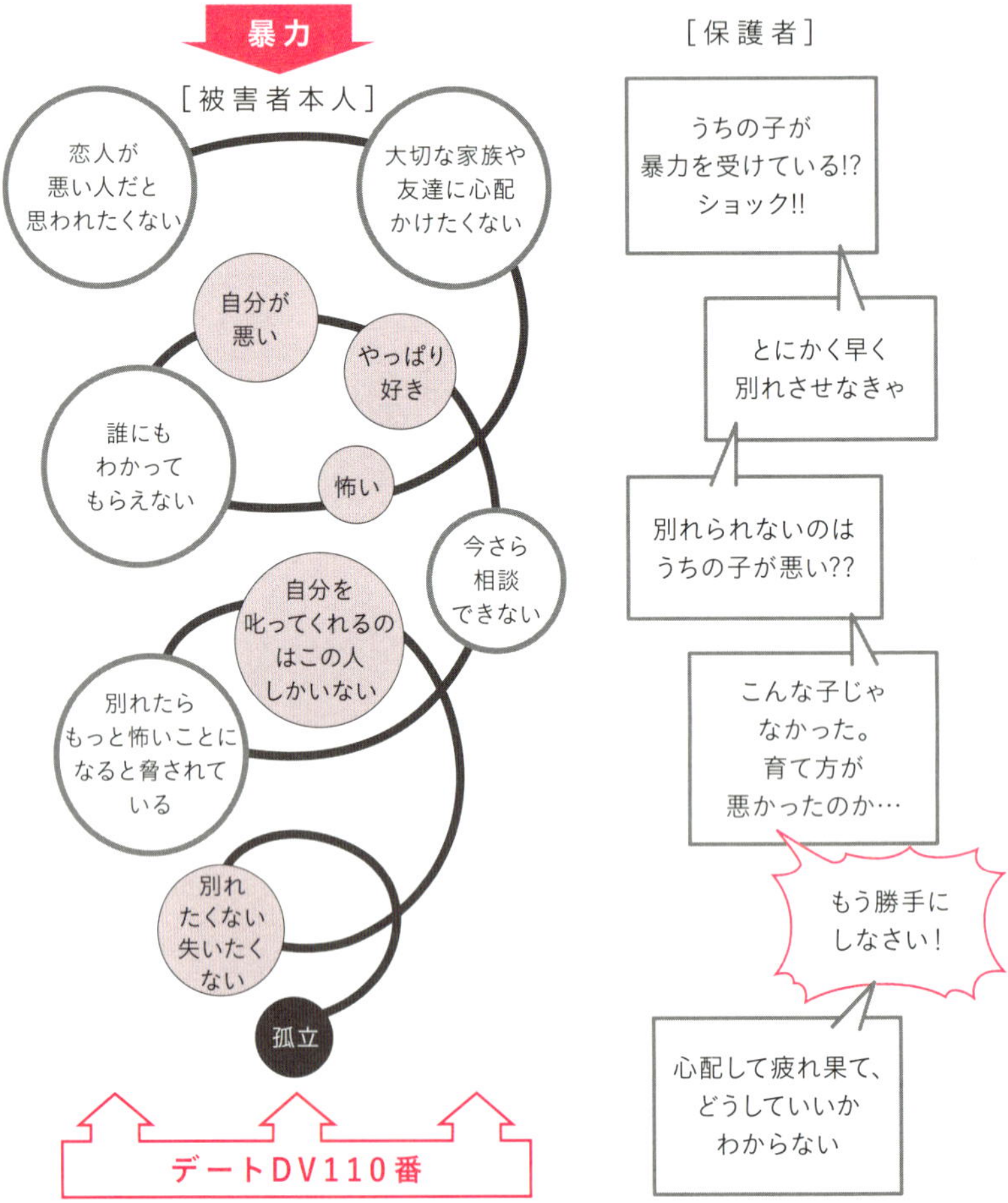
暴力
[被害者本人]
恋人が
悪い人だと
思われたくない
大切な家族や
友達に心配
かけたくない
自分が
悪い
やっぱり
好き
誰にも
わかって
もらえない
怖い
今さら
相談
できない
自分を
叱ってくれるの
はこの人
しかいない
別れたら
もっと怖いことに
なると脅されて
いる
別れ
たくない
失いたく
ない
孤立
デートDV110番
[保護者]
うちの子が
暴力を受けている!?
ショック!!
とにかく早く
別れさせなきゃ
別れられないのは
うちの子が悪い??
こんな子じゃ
なかった。
育て方が
悪かったのか…
もう勝手に
しなさい!
心配して疲れ果て、
どうしていいか
わからない

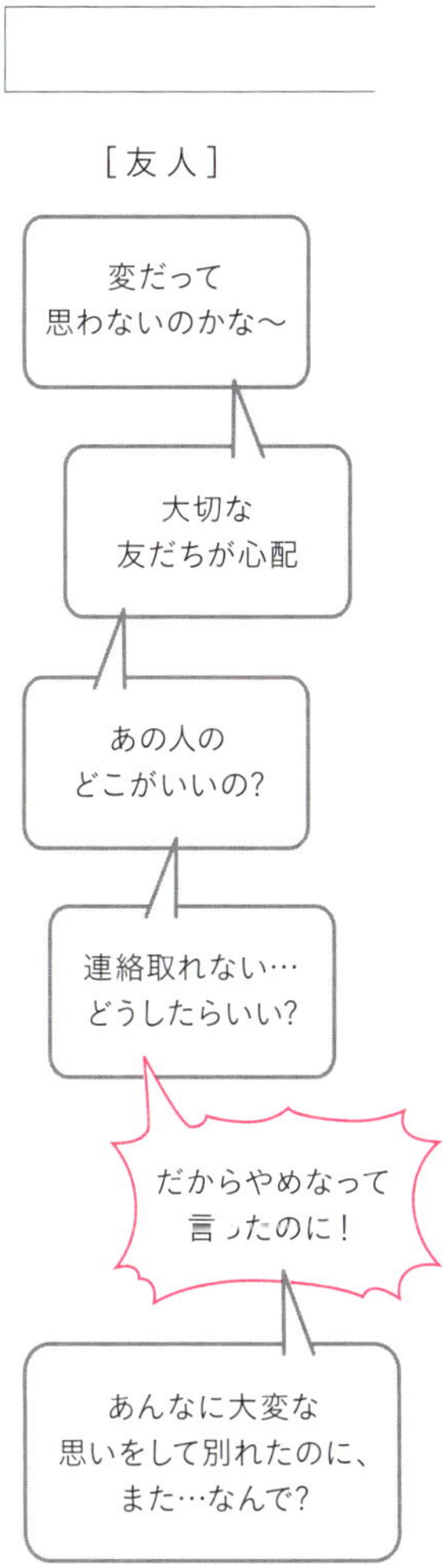
［友人］
変だって思わないのかな～
大切な友だちが心配
あの人のどこがいいの?
連絡取れない…どうしたらいい?
だからやめなって言ったのに！
あんなに大変な思いをして別れたのに、また…なんで?

この図は、被害者とその周囲の人（家族や友人）の心理から、デートDVの被害にあっている人を支援することがいかに難しいかを表したもので、デートDVの構造は、「ぐるぐる回るらせん」のようになっている。円を描くように、暴力を振るうことと、愛情を示すことを繰り返しながら深い溝に落ちていくようだ。

自分が好きになった人が暴力を振るうような人だと思われたくない、今さら誰にも相談できない、といった被害者にとっての孤立感。

どんなに心配して声をかけても本人が受け入れない、手を尽くしても届かない、といった周囲の人たちにとっての無力感。

これらは一度の相談で解決できるものではないだろう。

デートDV一一〇番は、負のスパイラルを反対の方向に向けて少しずつ押し上げていくことを目指して取り組んでいる。

※出典「デートDV白書VOL・1」（エンパワメントかながわ、二〇一三年）

いという気持ちもあります。「別れなさい」と言われても、別れられないからもう話せないと孤立していきます。こんな状況を、「負のスパイラル」として表現してみました。被害に遭っている人とその周囲の保護者や友人とその双方の心理から、被害者がぐるぐるとらせん状に回りながら、深い溝に落ちるように孤立していく構造を表したものです。

あなたは決して悪くない

この負のスパイラルを逆に下から上へ押し上げ、被害に遭っている人が本来持っている力を取り戻していく、まさにエンパワメントするために、できることがあります。

それは、その人の気持ちをすべて受け止め、「あなたは決して悪くない」というメッセージを伝え続けることです。

被害に遭いつつも、別れられない娘を見ていると、「なんで別れないの?」「別れられない娘が悪いの?」「自分の育て方が悪かったの?」と、娘や、さらに自分まで責めてしまうことがあります。

暴力によって、自分が悪いと思いこまされている人には、こう伝えてほしいのです。

「あなたは悪くない」

「あなたは私にとって、とっても大切な人」

「どんな理由があっても、あなたがそんな目に遭っていいわけがない」

「自分を責めなくていいんだよ」


そして、その人の気持ちに耳を傾けてください。

「怖かった」と言えば、「怖かったね」。

「でも、好きなんだ」と言えば、「でも、好きなんだね」。

怖かった気持ちも、好きな気持ちも受け止めることが、その人のすべてを認めることになり、被害に遭った人が自尊感情を取り戻していくための大切なステップとなります。

子どもたちのつぶやきを聴く

黄金色のイチョウの葉が真っ青な空に輝くころ、一〇年以上前から毎年うかがう学校があります。高校一年生の各クラスにデートDV予防ワークショップを届けてきました。一〇〇分のプログラムを五〇分ずつ二日間に分けて実施します。

ワークショップが始まるだいたい三〇分前には、スタッフが学校に到着します。階段を上って、一年生の教室のある四階の一番端の生徒指導室がいつもの控室になります。窓から見下ろすと、中庭の木々が見事に紅葉しているのを眺めることができます。

この生徒指導室のソファで、私たちはたくさんの生徒のつぶやきを聴いてきたことを思い出します。

――パンの耳だけがぎっしり入ったビニール袋を大事そうに抱えて、「これ一〇〇円だったんだよ」と自慢げに見せる女子生徒がいました。

「それどうするの？」

「今日一日のご飯だよ」

講師に出されたお茶を見て、

「これ飲んでいい？」

「いいよ」

「ありがとう。あったかいお茶って美味しいんだね」

経済的に厳しい家庭、あるいは家族からほったらかしにされている高校生の姿がありました。

——ある子は、

「彼氏？　もちろんいるよ。バイト先で知り合った二つ上の先輩。彼氏の家で毎日Hしてるよ」

「そうなんだね。コンドームは使ってる？」

「コンドーム？　見たことないよ」

と、あっけらかんと答えます。

第2章　暴力を受けずに生きる権利――デートDV予防活動で伝えたいこと

六人のスタッフは、それぞれに出会ってきた生徒たちのことを思い出しながら、ワークショップの準備を始めます。あらかじめ、段ボール箱で送っておいたパネルや資料を確認します。

控室の目の前には、女子用のトイレがあるのですが、先にトイレに行ったスタッフから「トイレットペーパーがあったのは、一番奥だけだったよ」と報告がありました。この学校だけでなく、県立高校の生徒用のトイレを見るたびに、本当になんとかならないものか？　といつも思います。トイレの扉が壊れて閉まらなかったり、鍵が壊れていたり、トイレットペーパーがなかったり。事情はいろいろあるのだと思いますが、教育の現場に予算が後回しされている現状を見て、もっと子どもたちに優しい社会になってほしいとつくづく思います。

三時間目の授業が始まる五分前、三人ずつのチームが資料を持って、それぞれの教室に向かいます。高台の校舎の廊下の窓から、遠くの山々が見えるのがとてもすがすがしくて、私は大好きです。

ワークショップを行う教室の前まで来て、廊下から教室のなかを覗くと、まだ生徒はまばらで、ほとんどの生徒がどこかに行っているようです。

教室にいる生徒は、他の席の友だちのところに集まり、おしゃべりや携帯でゲームをしていたり、パンをかじっている生徒もいます。

「こんにちは。次の授業の準備に入ってもいいですか？」

三人のスタッフは、教卓を端に寄せ、その上に資料を用意します。黒板には前の授業の板書が残っていますが、「消していい？」と声をかけて消していきます。黒板消しにはチョークの粉がびっしり付いていて、なかなか綺麗に消せません。なんとか消した黒板の真んなかに、「デートDV予防ワークショップ　NPO法人エンパワメントかながわ」と書きます。

ワークショップで使うのは、名札用シール、でこっちメモ（後述）、「携帯を見られたら」の紙、レジメ、マグネット、パネル。それぞれを三人が手分けをして準備をしていると、チャイムが鳴り、担当の先生がいらっしゃいます。

「おい、席に着け、出席を取るよ。あれ、○○はどこ？」

「来てたよ」

「おい、席に着け」「食べるの、やめろ」「ほら、イヤホン外せ」

先生に声をかけられても、なかなか友だちの席から移動しない生徒や菓子パンを食べ続けている生徒。三々五々、廊下から教室に戻ってくる生徒。

やっと自分の席に戻った女子生徒が、飴の入った袋を袋ごと、二列以上離れた友人に投げつけました。

「ほら、飴やるよ〜」

飴の袋が机に投げつけられる音には、さすがに一瞬ドキッとしますが、私たち三人は黙ってにこにこと見守り続けます。

担当の先生から「はい、では、今日はエンパワメントかながわというところから三人の方に来てもらっています。ちゃんと、話を聞くように。よろしくお願いします」とバトンをいただくのは、チャイムが鳴ってから、五分以上が経ったころになります。

ワークショップは初めが肝心

私たち三人はとっておきの笑顔を用意して、「おはようございます。エンパワメントかながわというNPO法人から、毎年この学校の一年生にデートDV予防ワークショップというのを実施させていただいています。このクラスを担当する三人です。ひとりずつ自己紹介するからね。ちょっと笑ってくれたらうれしいんだけど」。

何が始まるんだろう？　先生には無理やり座らされて面白くないという顔をしていた生徒たちがこちらを向き始めます。

「私の名前はたったの四文字、『あべ・まき』って言います。でも私たちは先生って呼ばれたくないので、下の名前で『まきちゃん！』って呼んでください」

ゲラゲラという笑い声。面白がって「まきちゃ～ん」と呼んでくれる男子生徒。

「ありがと～」と思わず手を振ります。

「はい、次は私です。私は〇〇かずこって言います。でも、私のことは、『まらいあ』って呼んでください」

「え～なんで、まらいあ？」「まらいあ～」

「はい、私の名前は○○なつきといいます。なつきさんってこのクラスにいる？ いないなら、私のことは『なっちゃん』って呼んでください」

「なっちゃ～ん」

クラスの雰囲気がみるみる変化していきます。

「今日は、デートＤＶについて、みんなと考えていくんだけど、皆さんは、デートＤＶって聞いたことある人いる？」

こちらをみている生徒のなかから、そっと二～三人の手が合図くらいの感じで反応してくれます。

「うん、ありがとうございます。まだ知らない人もいっぱいいると思うけど、デートＤＶというのは、恋人同士の間で起きる暴力のことです。恋人というと自分とは関係ないって思う人もいると思うし、あるいはいま、ラブラブっていう人もいるかもしれないね。いずれにしろ、皆さんの周りで起きていることなので、周りで起きているとき、何ができるかをいまから一緒に考えていってほしいと思います。

今日これからの時間は、ワークショップといいます。ショップといってもお店ではなくて、参加型の学習のことです。ワークショップは、普段の授業とはちょっと違って皆さんが主役です。なので、参加をしてください。意見を言ったり、最後には劇を作ってもらったりします。でも、大事なことは、やりたくないことはやらなくてもいいということです。参加の度合いは自分で選んでくださいね。もし、気分が悪くなったりしたら、先生に声をかけてどこかで休んでもいいことにします。

それから、ワークショップでは、これが正しくてこれが間違っているというのはありません。ここにいるみんなが違っていることが大切だと考えています。お互いの違いを認め合うこと、尊重することをお願いします。私たちは皆さんのどんな意見も尊重したいと思いますし、皆さんもお互いの意見を尊重してくださいね。

これからのワークショップは、グループになって考えます。いまから机を動かして二人から六人くらいでグループを作って座りなおしてください。自由にグループを作ってくれていいですよ。

もうひとつ、私たちは皆さんの名前を知らないので、名札のシールを渡しますので、呼ばれたい名前を書いてください。じゃあ、自分の机に他の人が来るので、机の上の教科書とかを机のなかに入れて、筆記用具だけを持って移動してくださ い」

グループ作りは、とても気を遣うところです。

あらかじめ担任の先生と打ち合わせて、自由にグループを作ることでひとりきりになっていやな思いをする生徒がいないかをお聞きして、ひとりになりそうになったとき、先生から声掛けしてもらうようお願いしておきます。ひとりのほうが気楽だという生徒ならそのままでももちろん構いません。

机を動かす音が鳴り、生徒たちはぞろぞろと動き始めます。机の上には教科書の山がそのまま積み上げられていたり、床の上の大きなカバンが机の移動を邪魔していたり、あるいは制服のブレザーが机の上に載せられたままだったりしているのを、スタッフはにこにこと笑顔のまま、生徒たちが動きやすいように、「これ、誰の？　動かしていい？」と声をかけていきます。

じっと窓際の席から動かない男子生徒がいます。「好きなところに移動していいんだよ」と声をかけると、キッときつい視線を返してきて、首を振ります。「ひとりがよければそのままでもいいよ」というと、ひとりのままを選んだようです。

思い思いにグループを作った生徒たちは、二人の女子もあれば、真んなかの後方に男子が七〜八人固まって座っていたりと、気の合う仲間同士が座ったものですから、かなり騒然とし始めます。

そのグループの合い間を縫いながら、「はい、じゃあシールを配るから、呼ばれたい名前を書いてね」と、三人のスタッフが手分けをして、ひとりずつに声をかけていきます。

呼ばれたい名前——人権を伝える第一歩

「あなたにとって呼ばれたい名前は?」と言われたら、皆さんはすぐに思いつきますか?

高校生たちはかなりとまどいます。普段、先生から苗字で呼ばれていたり、仲間からはあだ名をつけられていたりしていても、それが本当に自分が呼ばれたい名前なのか?と聞かれるとわからなくなってしまうのです。

ワークショップの初めに、まずは呼ばれたい名前について考えてもらうこと、それが一人ひとりが大切であるという人権を伝える第一歩です。

「普段なんて呼ばれてるの?それが好きならそれでいいよ」と声をかけていきます。男子のグループでは、「おい、おまえは一号、おまえは二号……」と、他人の分まで名札を書いて渡している様子なので、スタッフが「呼ばれたい名前だよ。大丈夫?いやだったら、新しいシールをあげるから書き直してね」と声をかけます。

生徒が書いた名前をひとりずつ読んで、「○○さんっていうんだね、よろしく。はい、シールの裏についてる青い紙はもらうよ。胸に貼ってね」。ゴミを回収するという作業が、実は生徒一人ひとりとのコミュニケーションの場になります。

授業が始まった時点では、先生に反抗するような態度を示していた生徒も、ひとりずつ目をあわせて挨拶すれば、とても親切な子たちばかりなのです。

三人のスタッフがひとりずつの生徒に声をかけて歩く。少々時間と手間をかけることになりますが、ここまでの準備がワークショップを成功させる大事な鍵だと考えています。

暴力は殴る・蹴るだけではない

「皆さん、グループ作りと名札のご協力をありがとう。それでは始めていきますね。さっき言ったように、デートDVというのは、恋人間での暴力です。まず、皆さんと考えたいのは、恋人に限らず『暴力』ってどういうことか？　ということです。暴力ってどんなこと？」

担任の先生からバトンをいただいたときには静まり返っていたのに、好きな者同士が集まり、向かい合ってのグループになると、どのグループでもおしゃべりが始まってなかなかファシリテーター（進行役）の声が届きません。

そこで、他の二人のスタッフがそれぞれグループの近くまで行って、「暴力ってどんなことだと思う？」と声かけます。大きな声で発言をするのは恥ずかしくても、近くのスタッフには答えてくれるので、それをスタッフがクラス全体に聞こえるように、言い直してくれます。

スタッフ、「殴る」と「蹴る」。

ファシリテーター、「ありがとう。殴る・蹴るというのは皆さんも暴力だって思う？　そうだね、他にも暴力になることってあるかな？」。

「レイプ！」

元気のよさそうな男子生徒が、大きな声で言ってくれました。チャンス到来です。

「ありがとう。レイプっていうのは、一方がいやがっているのに無理やりするセックスのことだね。一方がいやがっているのに無理やり行われる性行為はすべて性暴力です」

ファシリテーターが臆せずレイプについて定義すると、ざわざわしていた教室のなかが突然シーンとします。

「レイプっていうと、暗い夜道で知らない人に突然襲われるということをイメージする人も多いかもしれないけど、実は知らない人からだけではなく、知っている人、そして好きな人からでも起きることがあります。今日はそういったことまで含めて、皆さんと考えていきたいと思います」

性についても真っすぐごまかさず向き合って答えていくことが、性暴力をなくしていくためにもとても大切なことだと考えています。こんなとき、生徒の大半は、びっくりしてできるだけ聞かないふりをしながら、思いきり耳をこちらに傾けているのがわかります。

暴力を受けずに生きる権利

「こういった暴力を跳ね返すための心の力として、私たちは『人権』があると考えています」

黒板に大きく「人権」と書きます。

「ここで言いたい人権は、生きていくためになくてはならないこと、つまり基本的人権です。たとえば、食べることとか寝ることを禁じられたら生きていかれないよね。だから、食べることや寝ることは、義務を伴わないですべての人が生まれながらに持っている権利です」

「こうした権利の一つとして、私たちが提案したいのは、これです」と言って、一枚のパネルを手に取り、生徒たちに見せます。

「見える？　一緒に読んでくれる？」

生徒たちは読み上げるという作業に慣れているのでしょうか？　意外にも、一緒に声を出して読んでくれます。

第2章 暴力を受けずに生きる権利
――デートDV予防活動で伝えたいこと

「暴力を受けずに生きていく権利」

「ありがとう！　どうかな？　これって本当にあると思う？」

〈はあ？　意味わかんねえ〉という表情の生徒もいます。逆に、うんうんと頷いている生徒もいます。

「これまで、誰からもいやなことをされたことがない人はいないでしょう。でも、私はね、暴力を受けるために生まれてくる人はひとりもいないと考えています。だから、どんな理由があっても、誰からであっても暴力を受けていい人はいない。すべての人は暴力を受けずに生きていく権利を持った、とても大切な人なんです」

自分で自分を大切にしているとき

ぽか〜んとしている生徒たちに、続けていきます。

「皆さんは、自分がとても大切な存在であることを普段から実感していますか？いまから配る紙に書いてほしいことを言います。自分で自分を大切にしているなと思えるときってどんなとき？」

ここで配るのが当団体のオリジナルキャラクター「でこっち」のメモ用紙です。

「『でこっち』って何だと思う？」

おしゃべりに夢中の生徒も配られたメモを見て、「イルカ、あ、シロイルカ」と答えてくれます。

そんなやり取りをしながらしばらく、生徒が考える時間を取り、またスタッフがまわっていきます。

「でこっちメモに書いたことは、見せ合わなくていいからね。自分で自分を大切にしている時間って思いついた？　たとえば、自分がホッとできる時間、自分が夢中になる時間、誰にもとられたくない自分の時間だとしたら、何をしているときだと思う？」

初めは、なんだか意味がわからないという顔をしていた生徒たちも、思い思いのことを書き始めます。

「寝てるとき」
「食べてるとき」
「買い物してるとき」
「赤信号で止まったとき」
「好きなアーティストの曲、聴いてるとき」
「ストレッチしてるとき」
「野菜ジュース飲んでるとき」

ここでは、スタッフは特にコメントせず、様子を見て回ります。

「今日、私たちがこのワークショップのなかで一番皆さんに伝えたいこと、それは『自分で自分を大切にしていい』っていうことです。皆さんは、もしかしてこれまで、他人を大切にしなさいということはさんざん言われてきたかもしれないし、自分のことを大切にしていいということはあまり言われてこなかったかもしれないね。

でも、私たちエンパワメントかながわは、暴力をなくしていくために、一番大切なことは、自分で自分を大切に思えることだと思っているんです。

なぜかというと、自分で自分を大切に思えて、初めて誰かを大切にすることができると思っているからなんです。自分で自分を大切にしていいんだよと言いたいのです。

だからといって、自分を大切にしなさいとは言いません。なぜなら、自分を大切にすることって、実は難しいし、できないこともあると思う。でも、そんなときでも、本当は自分で自分を大切にしていいということを知っておいてほしいと思ってます。そのでこっちメモに書いたこと、今度実際にするときに、自分で自分を大切にしているんだ〜って思い出してください」

これが、このワークショップのなかで一番伝えたいことです。

デートDVを予防するには、「こんなに怖いんだよ」とか、「絶対しちゃだめだよ」ではなくて、自分を大切に思えたら、きっと周りの人、好きな人も大切に思える、被害者はもちろん、加害者を作らないことがこのワークショップの目的です。そのために一〇代の子どもたちに伝えたいことは、自分を大切にしていいという人権なのです。

なぜ、デートDV予防ワークショップの最初で、人権を伝えるのでしょうか？デートDVというのは身近な人、それも好きな人からの暴力だから、被害を受けている人は気づきにくいのです。優しいときもいっぱいあるなかで、だんだんとエスカレートしていく特徴もあるため、被害に遭っていても、ほとんど気づかないのが特徴です。それでも、気づくためには、そしてその暴力にNOと言うためには、まずは、自分は大切な人、どんなに好きな人からであってもいやなことをされていいわけがないという人権を知っておく必要があるのです。

暴力はダメだというメッセージではなく、自分で自分を大切にしていいという人権を伝えることで暴力をなくしていけるという私たちの信念は、これまでCAPのワークショップで出会ってきた二〇万人以上の小学生たちが教えてくれたことなのです。自分を大切だと気づけば、いやなことをされていることに気づくことができるだけでなく、人を傷つけたくない、つまり加害をしたくないという気持ちも引き出すことができることを、「いじめてたけどやめたいんだ」と話す子どもたちから教えてもらいました。

ワークショップで使っている「でこっちメモ」

「気持ち」は心のサイン

「自分を大切にするっていうことは、実は、自分の気持ちを大切にすることでもあります。気持ちが大切なんだということを今日は皆さんと考えていきたいのだけど、でも、『気・持・ち』と言われてピンと来るかな？　いま、どんな気持ち？　と聞かれてすぐ答えられるかな？　眠いとか、お腹すいたというのは、気持ちではなくて身体の感覚だよね。気持ちというのは心の感覚です。気持ちを言葉で表すことに、なかなか慣れていないかもしれないね。だから、こんな場面を想定して、どんな気持ちになるかを想像してみない？」

次のパネルを提示します。

「恋人がいてもいなくてもいいんだよ。でも、もしあなたに恋人とか、とても大切な人がいたとして、その人があなたの携帯、あるいはあなたのとっても大切なものを勝手にみているらしいと気づいたら、あなたはどんな気持ちになる？」

「それを、いまから配る紙にひとりずつ書いてください。今度はそれを集めて、黒板に貼っていきます」

「えーッ、ありえねぇ」という声が出たら、「そう、『えーッ、ありえねぇ』って書いてくれたらいいからね。書いてくれたら、黒板に貼るね」。

Ａ４判の四分の一の大きさの紙を、スタッフがひとりずつ確認しながら集めていきます。

「あ、これもらっていい？　ありがとう」

こうしてもらってきたクラス中の気持ちを、黒板に似ている意見をひとかたまりにまとめながら、貼り付けていきます。

どうしても書きたくないという生徒さんがいれば、決して強制はしませんが、実はほとんどの場合、すべての生徒が意見を書いてくれます。それを黒板に貼り付け、すべて読み上げていきます。


ところで、皆さんは、自分の大切なパートナーが自分の携帯（スマホ）を勝手にみているらしいと気が付いたら、どんな気持ちがしますか？

「いやだ」「ありえない」「信じられない」……と、ほとんどがＮＯという気持ちだろうと思うかもしれませんが、高校生の場合かならずしもNOだけではないのです。

もちろん、「いやだ」「信用されてない」「別れる」「仕返しに自分も見てやる」など、NOという気持ちを書く生徒もいるのですが、圧倒的多数なのは、「別にいい」「気にしない」「どうでもいい」というような、何も感じない、気持ちにふたをしているような答えが出てきます。さらには、「不安にさせちゃってごめんね」「愛されてるからうれしい」という、気持ちも出てきます。

私たちは、生徒さんたちから出てきた意見をすべて読み上げます。

「イヤ」「いやだ」「嫌だ！」「いやだ〜」

たとえば、この四つは意味は同じですが、一人ひとりが書いてくれたことを尊重したいから、ひとくくりにせずにすべて読み上げます。クラスのなかの一人ひとりを大切にする──この私たちの姿勢が伝わると、ワークショップの雰囲気がぐいぐいと変化し始めます。

「ありがとう！　これがこのクラスの気持ちだね。こんなに違うっていうことだよね。もちろん、相手が誰によってなのか？　あるいはシチュエーションによって気持ちは変わってくるよね？　でも、いま、ここに出された気持ちのなかで、なっちゃいけない気持ちは一つもないよね。愛されてると感じてうれしい人がいればそれでＯＫなのだけど、もし、いやだとか、信じられないという気持ちを感じたとしたら、それは、それでいやだと言っていいことだし、暴力を受けているという心のサインだって気づいてほしいの。気持ちは、暴力を受けているかどうかを知らせてくれる心のサインです」

「気持ち＝心のサイン」と板書しながら次に続きます。

対等な関係

「ただね、好きな人同士だと自分の気持ちに気づかなかったり、わからなくなることがあるのです。いまから、劇の動画を見て、登場人物の気持ちを考えていきましょう」

登場人物の名前は、学年にはいない名前を用意しますが、今回は、すみれ・さくら・ごろうとしました。

「劇の説明をします。登場人物は三人です。高校二年生の女子二人。すみれさんとさくらさんは、部活の友人です。二人の部活はなかなか休みがなくて忙しいのだけど、今日は久しぶりに休みなので、前からカラオケに行こうと約束をしていました。公園で二人が待ち合わせてカラオケに行こうとしたところへ、すみれさんが半年前から付き合っている彼氏のごろうさんが突然現れます。ごろうさんは、二〇歳。車に乗って登場します」

それまで、どんなに騒がしかったクラスでも、劇は必ずシーンとなり見入ります。

まっすぐ見るのが恥ずかしいのか、うつむきながら、目だけはスクリーンに向けてじっと見つめる男子生徒。

さっきから元気だった女子のグループから声があがりました。「やだ〜、あんな男、マジうざい」。

まっすぐ見ていたのに、下を向いてしまった女子生徒が出てきました。もしかしたら、似たような経験があるのかもしれません。

カラオケに行こうと待ち合わせた二人のところに、ごろうが現れます。バイトが休みになったので、すみれが行きたがっていた映画のチケットを買ってきたと言います。「これからカラオケに行くところ」というすみれに、ごろうは「俺がきたんだから、映画に行こう」と耳を貸しません。

さくらが「カラオケは今度でいいよ。愛されてるって感じ」と言いますが、「前から約束してたし悪いよ」と困っているすみれの手を強引にひっぱり、ごろうは自分の車に連れていきます。車のなかで、ごろうは急に怒り出します。「なんですぐに来なかったんだ。俺より友だちのほうが大事なら別れてもいいんだぜ」。すみれが「そうだよね。私のために来てくれたんだよね。ごめんね、ごめんね」と謝ると、「わかればいいんだ。お前は俺のことだけ考えていればいいんだよ」。


五分ほどの動画が終わりました。

「はい！　終わったから、拍手をしてください。はい、息してる？　深呼吸もしていいよ」と笑顔で声をかけ、覚醒していきます。

「それでは、ここで、ごろうさんとすみれさんの二人の気持ちをそれぞれ想像して、グループで話し合ってください。たくさんあっていいからね。それぞれ付せんに書き出してください。書けたら集めますね」

ワークショップにだいぶ慣れてきたようで、グループごとに話し合いながら、気持ちを書きだしていきます。もちろん、何もしないグループだってあります。

そんなグループにはスタッフが声をかけます。

「ねえねえ、ごろうさんってどんな気持ちだったと思う？」

「さっさとしろよって思ったんだよ」

「そうか、じゃあ、さっさとしろよって書いてくれる？　他にもあったら書いてね」

各グループが思い思いに書いた紙を貼り出し、すべて読み上げます。

「どうかな？　この二人は、対等だったかな？」

生徒たちは、首を振ります。

「そうだね。どうやら、ごろうさんが上で、すみれさんが下という関係になっていたね。こんな関係のとき、デートＤＶが起きているのかもしれないね」

「これがデートＤＶです」と言い切ることは決してしません。

生徒自身が登場人物の気持ちを想像するという作業をしながら、また、他人の意見を聞きながら、気づいていくことを促しているだけなのです。まして、「これがデートＤＶですから、皆さんは、決してデートＤＶしないでください。デートＤＶしちゃだめですよ」とは言わないのです。

それでも、生徒たちの感想には、「デートＤＶは絶対にしたくない」という言葉がたくさん書かれます。暴力をふるいたくない、つまり、加害をしたくないという気持ちを引き出すことこそ、暴力をなくしていくために一番必要なことだと考えています。

「ありがとう」「ごめんね」

高校生向けのデートＤＶ予防ワークショップの後半は、デートＤＶにならない関係をコミュニケーションとして考え、生徒たちに劇を作ってもらいます。グループごとに、さっきの動画の途中からシナリオを書き直してもらう作業をお願いします。

どうしたら、対等な関係を築いていくことができるかを伝えることこそ、私たちおとなが子どもたちに伝えていくことなのではないでしょうか？

どんなに好きになったとしても、恋人同士は対等な存在であることを伝えたいなら、生きてきた時間が違っても、おとなと子ども、先生と生徒も対等であることを伝えることから始まると考えています。

おとなと子ども、親と子、先輩と後輩、先生と生徒、上司と部下、どれも力関係があって、一方が上で一方が下の関係のように思いがちですが、人権という視点に立てば、対等な存在なのです。この地球上の人すべて、その価値の重みに違いは一切ありません。立場の違いはあるでしょう。でも、その立場を乱用したら暴力になるのです。

そのためには、まず、クラスのなかでワークショップを進める私たちが、まず生徒たちと対等な存在であることを身体全体で表現していくことが必要だと考えています。腕組みをしたりしていては、上から目線の態度になってしまいます。

いろいろ考えると難しそうだ、そんなことできないと思われるかもしれませんが、実はお互いが対等であるために、とても素敵な言葉があります。

「ありがとう」

そして、

「ごめんね」

です。

このデートDV予防ワークショップでは、前半はそれぞれの気持ちを出し合い、クラスのなかでも気持ちはみんな違うことを学びました。それはどんなに好きな者同士であっても、気持ちは同じではないから、自分の気持ちは言葉で伝えなくては伝わらないということです。

第2章 暴力を受けずに生きる権利——デートDV予防活動で伝えたいこと

自分の本当の気持ちにまず気づくこと。

その気持ちを伝えることの大切さ。

相手の気持ちにも耳を傾けること。

お互いを大切にしあうこと。

お互いの違いを認め合えること。


自分の本当の気持ちを伝え合うとき、潤滑油となるのが、この「ありがとう」と「ごめんね」なのです。

映画のチケットを買ってきた彼氏に、「ありがとう！　でも、ごめんね。私は今日は、友だちとカラオケに行きたいの」。自分はどうしたいかを伝えていいことを知っておくことが、人権なのだと思います。

「そうか、それは残念だけど、わかったよ。今度はいつ会える？」。その相手の気持ちに耳を傾けること、受け止めることができること、それはその人も自分の人権を知っていてこそできることだと思います。

ここには模範的なことを書いてしまいましたが、生徒たちの作るシナリオは、これまで何千ものシナリオがありましたが、同じものは一つもありません。それぞれのグループで、ワイワイ活発に話し合いながら、作り上げてくれます。

別れを選択する結果となったり、別の恋人が登場したり、テレビで流行っているお笑いのギャグを入れたり、ゲームのキャラクターが出てきたり……ふざけているといって叱ったり、否定することは一切ありません。

それぞれのシナリオを、三人のスタッフができる限り忠実に演じます。フナッシーが流行ったときには、ぴょんぴょん飛び上がりながらセリフを読んだこともありました。

生徒たちが作ってくれたシナリオを精いっぱい演じながら、私たちが伝えたいこと――それは、みんなは対等な関係を考えることができたねということです。いま、考えることができたから、きっとこれからも対等な関係を築いていくことができるよということを伝えたいのです。

気持ちを伝えること、相手の気持ちにも耳を傾けることから対等な関係を築いていくことで、恋人同士だけでなく、友だち同士、あるいは家族と、あるいは先生と、人と人とが暴力のない関係を作っていくことができることを伝えます。

そのために、まずは自分を大切にしていいと知っておいてください。どんな理由があっても、誰からであっても暴力を受けていい人はいないのですから、と伝え、ワークショップは幕を閉じます。

デートDV予防ワークショップ

高校生とクラス単位で行っている「デートDV予防ワークショップ」。その内容を、ある日のクラスに侵入したつもりで紹介します。

スタッフ自己紹介

暴力について

人権について

自分を自分で大切にしている時ってどんな時？

「人が生きていくためにどうしても必要なものって？」
暴力をなくしていくために私たちがとても大事だと思っていることは、どんな人も「人権」を持った「とても大切な人」だということなんだ
「暴力を受けずに生きていく権利」みんなは暴力を受けずに生きていく権利を持った大切な人なんだよ〜
暴力を受けずに生きていく権利
おぉぉ〜
今から配る付せんに書いてみてね
こういう時間って取られたくないよね
自分で自分を大切にしていいんだよ〜
自分を自分で大切にしている時ってどんな時ですか
見せなくていいからね
今度は人権？やっぱ堅い話？
暴力を受けずに生きていく権利かぁ
必要なもの食べる！
え？それでいいの？寝るとかも？
自分のことを大切にしている時？考えたことないよ
音楽を聴いているとき
見せないんだから書いちゃお
スイーツを食べている時…

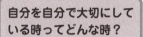

恋人があなたの携帯を見ているらしい・・・あなたはどんな気持ちがしますか？

どんな気持ちになるか想像してみてください。
書けた人はスタッフに付せんを渡してね。
書き出した中になっていけない気持ちはないはずです。
気持ちにいい、悪いはないからです。
どんな気持ちも自分の大切な気持ちです。

みんなの気持ち
はずかしい
ありえねー
コワッ！
うれしい
愛されて
恋人があなたの携帯を見ているらしい あなたはどんな気持ちがしますか？
どう思うかってムカつくよな
すごっ全員の意見書くんだ
愛されててうれしいとかもあるんだ ふうん…

DV シアター

気持ちは心のサイン・・・
でも、恋人同士の間では自分の気持ちがわからなくなることってあるよね。
こんなことあるかも？という劇で考えてみましょう。

せっかく俺が来たんだから映画に行こうぜ
だって、カラオケいこうってずっと前からさくらと約束していたんだよ
ごろう
すみれ
さくら
あるある！
あんなの別れちゃえ！
こんなんいるの!?

デート DV
暴力の種類と特徴

身体的暴力だけではなくて精神的暴力、行動の制限、性的暴力、経済的暴力
力の差がない対等な関係性では暴力は起きません。
恋人同士の間で起きる暴力を「デートDV」といいます。
本人には気づきにくいけど、暴力のサイクルがあるという特徴を知っておくと気づきやすいかも？
バクハツ期
ムー[○・`Д´・○]ーカ
|`Д´|ノこらぁ！
♡(´・ω・`)
アイシテルヨ…
ラブラブ期
DVのサイクル
イライラ期
(((-'д-) y-~イライラ
暴力の種類
・身体的暴力
・精神的暴力
・行動の制限
・性的暴力
・経済的暴力
だからなかなか別れられないってすごい納得
そっかぁ、殴った後に優しくするってあるかもなぁ
ボッコボコ以外にもいろいろあるんだな
DVって相手を思い通りにすることなんだ
周りの人なら気づくかも
お金やセックスのことも暴力になるんだ

デートDVにならないためにはどうしたらいい？

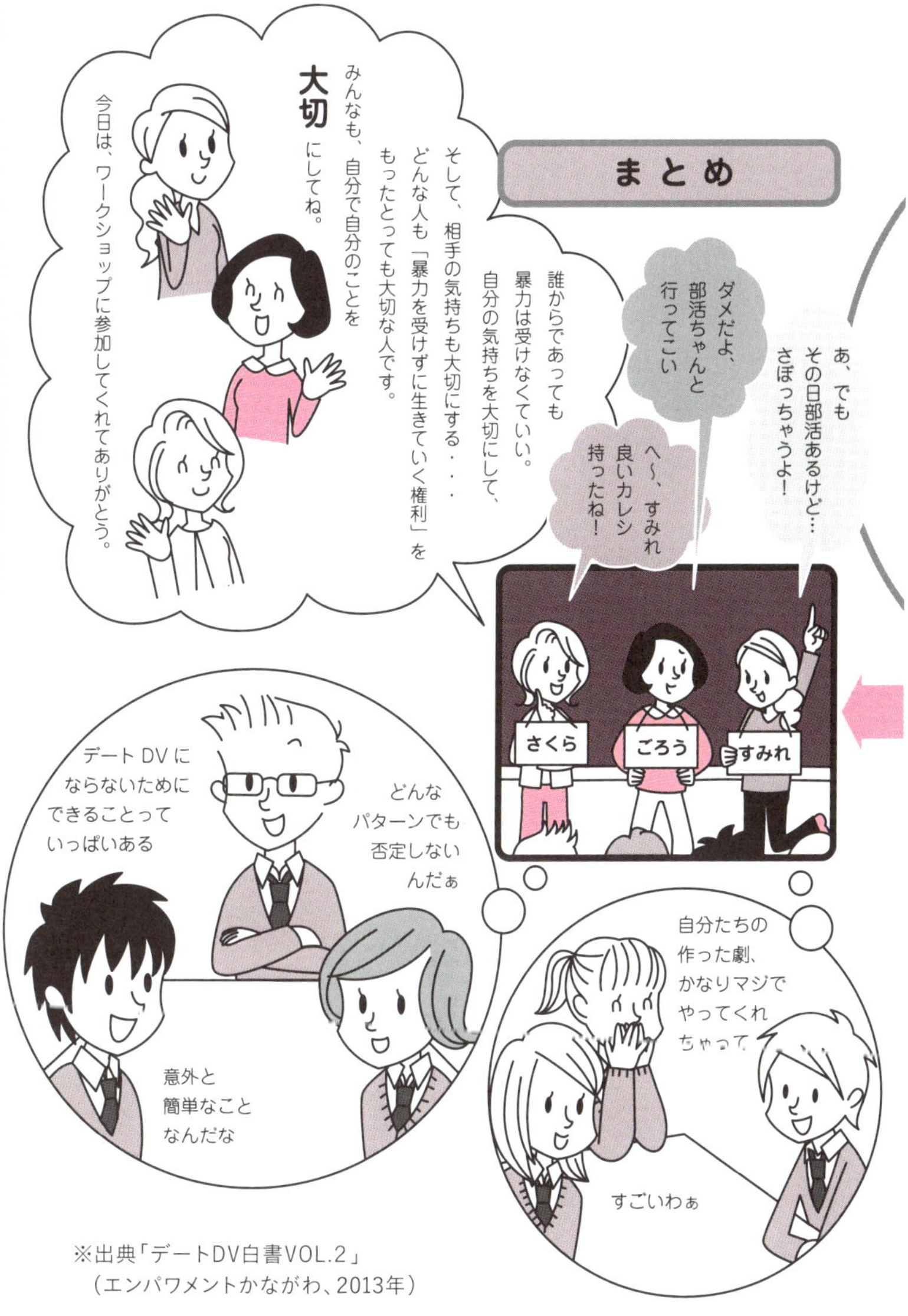

※出典「デートDV白書VOL.2」
（エンパワメントかながわ、2013年）

第3章

Personal is political（個人的なことは政治的なこと）を胸に刻んで

CAPスペシャリストになる

一九九六年夏、アメリカから帰国した私たち家族は、いったん世田谷の社宅に入ったのち、翌年四月、横浜市内に引っ越してきました。

私は、下の子（息子）にとって、香港、アメリカでのプレスクール、世田谷での幼稚園年少組を経て、四つ目となる幼稚園として、自然豊かな園庭を持つ安部幼稚園（横浜市港南区）を選びました。雑木の山一つ三五〇〇坪の園庭のなかで、ヤギを飼い、畑では四季折々の野菜を作るという野性味たっぷりの幼稚園での二年間の生活を、それまで海外で育ってきた息子にプレゼントしたいという思いでした。

安部幼稚園に通わせる母親たちは、子育てにも、そして自分自身の勉強にもとても熱心です。全力で子育てをする母親たちとの交流が、私の生活のほとんどを占めるようになっていきました。

そのなかの友人に誘われ、さらに幼稚園の外でのサークル活動も始めました。

名前は「りんごの木」。幼稚園や小学生の子どもと母親だけでなく、父親まで巻き込んで楽しめる企画を考え、次々と実行していきました。

近くの竹林に入り、鳶の方に手伝っていただき、子どもたちと一緒に竹を切り出す。切り出した四〜五メートルの竹を子どもたちが担いで小学校の校庭まで運び入れる。そこで、鳶の方に、竹を真っ二つに割ってもらい、節を抜いて「そうめん流し」。あるいは、段ボールをトラック二台分もらってきて、段ボールの家を父親と子どもたちが作り、一晩を過ごす。忍者ごっこの達人を招いて、街のなかで忍者ごっこ。ときには、性教育の専門家にお願いして、親子それぞれ性教育を受ける。そんな企画を次々と行うなか、友人から「今度、これ呼ばない？」と見せられたのが、ＣＡＰというプログラムについての新聞記事でした。

神奈川県内でもその活動があるということで、「りんごの木」のイベントとして「ＣＡＰかながわ」を招きました。私にとって、初めてのＣＡＰプログラムは、地区センターでのおとな向けワークショップでした。子どもたちも性被害に遭うことがある、女子は三〜四人にひとり、男子は五〜六人にひとりという被害率は衝撃的でした。終了後、すぐに代表の草野順子さんのところに飛んで行き、「私もやりたいです」と話したのを覚えています。

しばらくして、千葉で養成講座があるので、受けてきてくださいと連絡がありました。

日本にCAPを導入した森田ゆりさんによるCAPスペシャリスト養成講座を受講したのは、一九九九年四月、息子がちょうど小学一年生になった春でした。実家の母に子どもを見に来てもらい、千葉県松戸市まで三日間通い、CAPスペシャリストの資格を取得しました。

森田さんは、アメリカのカリフォルニア州でCAPプログラムを実践し、日本に紹介された方です。私にとって大きな意味を持つことになる「人権、エンパワメント、コミュニティ」、どの言葉にもこのとき、初めて出会いました。以来、かれこれ二〇年間、森田ゆりさんに学んだことが、いまの私、いまの私たち「エンパワメントかながわ」を形作っています。

一九九九年はまだCAPの黎明期でしたが、まもなく小学校の授業のなかで初めて実施することが決まりました。その画期的な一歩に仲間たちはみんな大喜びでした。そして、川崎市や鎌倉市の教育委員会の委託事業としての実施が始まり、

第3章 Personal is political（個人的なことは政治的なこと）を胸に刻んで

さらに、大阪で起きた大阪教育大学付属池田小学校の児童殺傷事件（二〇〇一年）をきっかけに急速に実施数が増えていきました。この事件以降、学校内外の子どもの安全をどう守るかに関心が高まり、ＣＡＰプログラムも注目されるようになったのです。私にとって、子ども二人を見送ると同時に家を出て、自分は神奈川県内の小学校に出向く、そんな毎日が始まりました。それは、自分自身が人前で「人権」について語ることができるようになるための勉強の始まりでもあったと思います。

ＣＡＰの人だから、子育てが完璧なわけでもありません。二人の子どもの子育てにも悩んだり、周囲の人との関係にもがいたりすることもありました。そんななか、先輩に薦められて、フェミニストカウンセリングの勉強を始めました。

ＣＡＰプログラムは、一九七〇年代のアメリカでのフェミニズム運動のなかで生まれたプログラムですから、フェミニズムについて学ぶ必要があったのです。そこで、出会ったのが、「Personal is political」という言葉でした。

Personal is political（個人的なことは政治的なこと）

いま、がむしゃらにＮＰＯの活動にのめりこんでいる私は、「なんでそんなに頑張るの？」と聞かれることがよくあります。なぜなのか？　と考えるうちに、この言葉（Personal is political）に出会えたことが何より大きかったのだと思うようになりました。

私は大学を卒業し、商社に就職しました。そこで女性社員に求められていることが、気配りと愛嬌だけであると知り二年で辞めました。女性も活躍できる場としてカルチャーセンターに転職したものの、自分自身の結婚のため、またすぐに退職しました。

その後、夫の転勤に伴い、海外で二人の子どもの子育てをすることになります。香港で六年、アメリカで一年を過ごしました。一見華やかに見える海外での生活ですが、そこでは悶々とした気持ちがずっと続いていたことを思い出します。

ときはバブルの時代、海外の支店に勤める夫は企業戦士ではあるけれど、いまのようにイクメンという言葉もなく、子育てへの協力はままなりません。海の向こうにいる実家の親に助けてもらうこともできません。

いまでこそ、虐待防止の研修をする私ですが、自分自身の子育てのなかに、虐待という文字が無縁だったとは思っていません。異国の地の密室でひとり、泣き止まない子どもをあやし続け、放り出したい気持ちになったことを決して否定しません。子育てに悩み、家族を責めたり、自分を責めたり、苦しかった長い時間がありました。

香港では、日本人の親同士のつながりを作って助け合おうと考え、母子サークルを作り、自宅を開放して四年間続けました。一週間に一度、我が家のリビングに集まった母親たちが幼い子を膝に抱えて輪になり、日本の童謡を歌い、日本の童話を読み聞かせる母子サークル「ドレミ」は、あっという間にうわさが広がり、入会待ちのリストができるほどにぎわいました。それでもいまから考えると、「私」という人間が、母親でしかない、妻でしかないことに、もやもやとしていたのだと思います。

そんな私が帰国後数年して、この言葉に出会いました。

「Personal is political」

直訳すれば、「個人的なことは政治的なこと」。つまり、個人の問題は社会の問題であるという意味です。

子育てや家族との関係でうまくいかないと感じ、その原因をパートナーに探したり、あるいは自分を責めて悩んでいたこと、そのすべてが個人の問題ではなく社会全体が抱える構造的な問題から始まっていると知ったとき、とってもすっきりしました。

「自分が苦しまなくてもいいんだ」

「自分やパートナーや子どもを責めなくていいんだ」

そう思えたことで、私はとても楽になりました。

私自身がもがいていたことだけでなく、さまざまな暴力の根本的な原因が社会全体にあるとしたら、変えていくべきは社会全体なのではないか。

何か問題が起きたときに、個人を責めるのではなく、社会全体のどこに変わるべき点があるのかを考えるように思考を変えると、「できること」がたくさん見えてくる、私はそう思えるようになりました。

「社会を変えることができる」というと、大それたことを言っているように思えるかもしれません。

でも、「できると信じて関われば、きっとできるし、変わることができる」ということを、ＣＡＰで出会ったたくさんの子どもたちから教えてもらったからこそ、社会も変えることができると思えるのです。

「デートDV」を社会を変えるキーワードにしたい

本書の第Ⅱ部で書きましたが、デートDVという言葉に出会った私は、この言葉を社会を変えるキーワードにしたいと考え、デートDV防止全国ネットワークを設立し、社会全体へ働きかけることを目指しているところです。

DV（ドメスティック・バイオレンス）にはDV防止法（正式には「配偶者からの暴力の防止及び被害者の保護等に関する法律」）がありますが、デートDVには法的な規定がありません。そのため、事件が起きても、「デートDVの事件です」という報道はされません。しかし、交際相手からの、あるいは元交際相手からの殺人事件という事件報道を目にすることは多いと思います。これらの事件の背景のほとんどにデートDVがあると、私は考えています。しかし、「交際間のトラブル」「別れ話のもつれ」と報道されて、交際している二人の問題、つまり個人的な問題だから他人事だと認識されてしまいます。

私は、デートDVは個人の問題ではなく、社会全体で向き合うべき、社会の問題なのだということを知ってほしいのです。

デートDVについて、もう一度説明していきたいと思います。

デートDVは、恋人間で起きる暴力、つまり暴力のひとつだと考えています。

暴力とは、殴る・蹴るといった身体的暴力だけを指すのではないということが重要です。暴力には、言葉や無視といった精神的な暴力、性的暴力、お金に関する経済的暴力も、そして、「誰とは話をするな」など、相手の行動を制限することまで含まれます。

どこからデートDV？

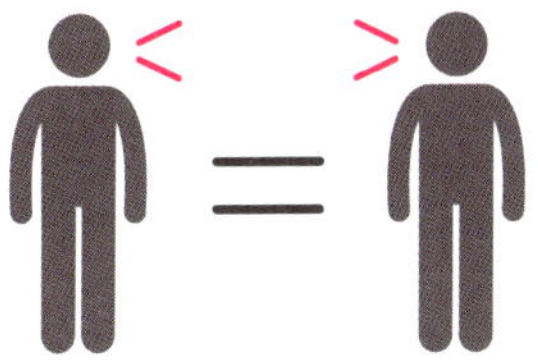

［対等な関係］
いやなことにいやだと言い合える

［対等でない関係］
いやだと言えない
いやだと言っても聞いてもらえない

でも、身体的暴力だけではないとなると、どこから暴力なのか?

この問いはどうしても生まれてきます。

私は、暴力をふるう側とふるわれる側に力関係があるとき、つまり、対等でない関係のとき、暴力が起きると考えます。より力を持っている側がその力を乱用するのが暴力です。いやなことにいやだと言うことができ、いやだと言ったらやめることができるのは対等な関係ですが、いやだと言えない、いやだと言ってもやめてくれない関係であれば、暴力になると考えます。

こういった暴力が、人と人との関係で名前が変わってきます。例えば、殴る・蹴る・言葉や無視・性暴力が仲間同士で起きるときは「いじめ」と呼びます。親から子どもに暴力があるときは「虐待」、結婚している夫婦の間で暴力があるときは「DV」、そして、結婚していない恋人同士の間で暴力があるときは「デートDV」と呼ぶということです。

「エンパワメントかながわ」が、「DV防止ながさき」や「ガールスカウト日本連盟」などの協力を得て、二〇一六年に実施した「全国デートDV実態調査(デートDV予防教育を受講した中学生・高校生・大学生二八六八人対象)」では、交際経験があると答えた中学生・高校生・大学生のうちの三八・九%、実に四割近くが、何らかの被害に遭ったことがあると答えました。これまで一〇代のカップルの三組に一組の割合でデートDVが起きていると言われていたことを、まさに裏付ける結果であったと思います。

被害が多かったのは、「返信が遅いと怒る」「他の異性と話をしないと約束する」といった行動の制限です。そんなことまで暴力になるのかというのではなく、こういったことが暴力になることを知らせていくことが大切です。

全国デートDV実態調査
被害を受けた人の割合

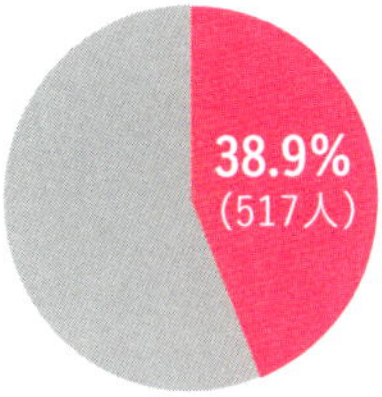
38.9%
（517人）

［全体（1329人）］

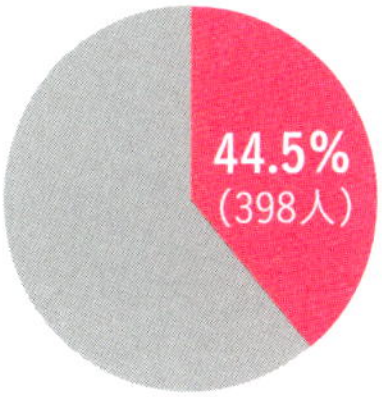
44.5%
（398人）

［女性（894人）］

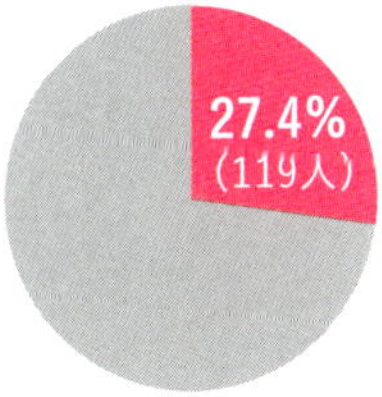
27.4%
（119人）

［男性（435人）］

調査対象：デートDV予防教育を受講した中学生・高校生・大学生2868人
回収数：2825人（回収率98.5%）
有効回答は全体で2122人、そのうち女性は1321人、男性は801人
交際経験：1329人。内訳は、女性67.6%（894人）、男性は54.3%（435人）
調査期間：2016年10月〜12月

暴力は誰にでも起きうる身近な問題なのだと考えてこそ、なくしていくことができると思います。でも、暴力というと、どうしても自分とは関係ない、他人事にしたいのも当然の心理かもしれません。

私はデートＤＶを啓発してきたなかで、他人事にしたいというだけでなく、「被害者だと思われたくない」という人たちにも出会ってきました。

デートＤＶの啓発冊子や電話相談のカードを持っていると、デートＤＶに遭っているんだと周りからみられるからいやだ、恥ずかしいという声を聞きます。それは、自分の付き合っている相手がデートＤＶの加害者だと思われたくないという心理もありますし、自分が被害に遭っていると思われたくないという気持ちもあるのだと思います。

暴力の被害に遭っている人は、決して悪くない。

このことがなかなか理解されていないから、被害者だと思われたくないという気持ちが生まれるのではないでしょうか？

残念ながら、日本の社会ではいまだに、暴力を受けた人にも非があるという意識が存在しているようです。セクハラや性暴力を受けた人へ、その人にも非があったのではないかというバッシングが絶えず聞こえてきます。同じように好きな人から暴力を受けたら、暴力をふるうような人を好きになった自分が悪かったと責められると思う意識があるのかもしれません。

伝えていきたいのは、たとえ好きになった人からであっても、暴力を受けた人が悪いわけではないということ。

どんな理由があっても、誰からであっても暴力を受けていい人はひとりもいない

ということです。

デートDVが起きているとき、結婚すれば変わる、子どもができたら変わるという幻想があることもあります。ときを経ることによって、関係性が変わることはもちろんあります。ただ、幻想であった場合には、結婚によって、暴力の名前がDVに変わるだけのことです。さらに、DVが起きているなかに子どもが生まれれば、子どもにとってはその環境にいることだけで、心理的虐待（最近では「面前DV」という言い方もされるようになりました）になります。

デートDVを受けている高校生が妊娠し、退学して出産する事例もたくさんの学校で見聞きしてきました。多くの場合が出産するまでに別れています。それはつまり、高校を卒業しなかった女性がひとり親になり、子どもを育てていくことを意味します。経済的に困窮していくことを避けるほうが難しいかもしれません。デートDVを受け、妊娠した女子高校生からこんな言葉を聞いたことがあります。

「大丈夫、私の母も私を一七歳で産んだから」

まさに暴力や貧困が連鎖していることを表しています。

DV、虐待、思いがけない妊娠、その連鎖を断ち切るために、デートDV予防教育があると考えています。デートDVというキーワードだから、一〇代のうちに対等な関係を伝える予防教育ができるし、DVや虐待の連鎖を断ち切ることができると考えます。

デートDVで起きている暴力の種類

エンパワメントかながわでは、デートDVで起きている暴力を「身体的暴力」「精神的暴力」「行動の制限」「性的暴力」「経済的暴力」の五つの種類に分けて説明しています。

私たちが学校や電話相談で見聞きしてきた暴力の例をご紹介します。

【身体的暴力の例】

噛む・つねる・髪の毛を引っ張る・腕をねじあげる・蹴る・殴る・突き飛ばす・引きずり回す・物を投げつける・平手打ちをする・刃物で切り付ける・首を絞める・床や壁に身体を押しつける・無理やり薬物やアルコールを飲ませる

身体的暴力は、暴力として明らかでわかりやすいかもしれません。道を歩いていて突然知らない人から殴られたら、多くの人は警察に訴えると思います。でも、デートDVの場合、身体的暴力が起きていても警察に相談する被害者の人はほとんどいません。
「自分が悪いから仕方がない」と自分を責め、相手をかばうため、警察へ相談しないばかりか、骨折や鼓膜の損傷など怪我をしていても、病院にも行かないことが多いのです。

【精神的暴力の例】

大きな声で怒鳴る・思い通りにならないと不機嫌になる・人格を否定する・無視する・暴力の責任をなすりつける・大切にしている物を捨てる、壊す・人前でバカにする・見下す・殴るそぶりをして脅す・別れたら自殺すると言う・家族に危害を加えると脅す

何かにつけて「お前が悪い」というメッセージを送られることによって、自分の感覚が正しいと思えなくなる。相手が不機嫌にならないよう、自分が我慢をし、言うことを聞かなくてはと思い込まされ、常に相手の顔色をうかがうような状況になっていきます。

精神的な暴力の中で、とても怖いことが「別れたら自殺する」。別れたら死ぬと言われ、別れられない人はとても多いと思います。別れを切り出したら、リストカットの写真を送り付ける、高いところから飛び降りる、あるいは家族に危害を加えると脅されるため、別れられないでいる人がとても多いのです。

【行動の制限】

メールやSNSの返信が遅いとキレる・メールやアドレスをチェックし消す・他の異性と話すなと言う・人付き合いを制限する・交友関係を監視する・いつ誰とどこにいるか常に報告させる・服装を制限する・自分の予定にあわせるよう強要する・電話に出ないとひどく怒る

他の異性と話すな、何時までには必ず帰宅する等、昔からあった行動の制限もあります。しかし、インターネットやスマートフォン、SNSの普及によって、行動の制限が助長、加速されていると思います。

はじめは、交際しているのだから連絡を取り合おう、なんでも報告しようという約束から始まり、それがだんだん窮屈になってきても、断ることができない状況になるのがデートDVです。行動を制限され、孤立していくことによって、助けを求められない状況に追い込まされていきます。

【性的暴力】

同意のないあらゆる性行為（キス・セックス・体をさわる）・避妊に協力しない・中絶を繰り返させる・性的嗜好を押し付ける・嫌がっているのにポルノを見せる・性行為を撮影する・性行為の画像や動画をネットに公開すると脅す

交際相手であっても、本当の意味での同意がない限り性暴力になります。性暴力の被害者は、「いやだ」ということを伝えきれなかったことで自分を責め、長期間にわたり精神的に大きな影響を受けることがあります。

好きだから大丈夫ということで送ったり撮ったりした性的画像について、別れたいという話になった時、それを公開すると脅され、怖くて別れられないという相談も多くなってきました。

【経済的暴力】
デートの費用をいつも負担させる・借りたお金を返さない・収入に見合わないほどの高額なプレゼントを要求する・自分の経済力を使っていうことを聞かせようとする・アルバイトをさせてお金を巻き上げる・お金を無理やりださせる

金銭に関連して力関係ができることはとても多いようです。力関係を使ってお金を出させることもあれば、お金を出しているのだから言うことを聞けという暴力もあります。別れるなら、これまでのデートの費用を返すように脅されるというケースもあります。

二〇代以上のデートDVでは、金銭の問題が数百万円になることもあります。

暴力はいくつも複合して起こる。

デートDVで起こる暴力は、ひとつではありません。表面的な暴力が「なぐる」という身体的暴力であっても、精神的な暴力や行動の制限など、他の暴力がいくつも複合して起こっていることが一般的です。デートＤＶとは、さまざまな暴力（パワー）を使って、相手を支配（自分の思い通りに操り、コントロール）することです。

「デートDV防止全国ネットワーク」の設立

二〇〇三年に山口のり子さんが提唱した「デートDV」という言葉によって、その防止活動が全国各地で広がってきました。山口のり子さんが主宰する「アウェアア」の皆さんの活動もあれば、私たち「エンパワメントかながわ」のように独自の活動もあります。それぞれの活動が各地で進められてきました。ただ、これまで、それぞれがバラバラで、ネットワークがなかったのです。

二〇一六年、私は、デートDV防止活動を行う団体や機関がつながるための「デートDV防止全国ネットワーク」の設立に取り組み始めました。翌年三月、デートDV防止に取り組む活動をHP上の全国マップにしようと声掛けを始めたところ、わずか二～三カ月で、一〇〇近い民間団体と行政機関を掲載することができました。これからさらに周知が行き渡れば、二〇〇くらいのデートDV防止活動を行う団体や機関をマップ上に掲載することができると期待しています。

また、デートDV防止活動を直接行う団体や機関だけでなく、その周辺分野の専門機関とつながることも重要だと考えています。デートDVは、DVや虐待、性暴力、予期せぬ妊娠などさまざまな社会問題と関連して起きているからこそ、デートDVというキーワードで、これらのさまざまな問題に関わる専門機関とも連携して取り組んでいくことができると考えます。

これらの仲間たちが官民を問わず、分野を越えてネットワークとしてつながることで、まさにコレクティブ・インパクト（集合的インパクト）となり、社会全体を動かす大きな力にしていきたいと考えています。

人と人とが対等で、お互いの違いを大切にしあうことができる社会を

デートDVだけでなく、DVや虐待、いじめ、セクハラ、性暴力、誘拐、あらゆる暴力は連鎖して起きています。生まれながらに暴力をふるう人はいません。生まれた瞬間から暴力をふるっている人はいないことからわかるように、暴力は生まれた後、他者から学ばされるものです。

暴力は力関係のあるところに起きると書きました。つまり、暴力は強いと思いたい者が、自分より弱いと思わせたい者へ、「おまえは自分よりダメだ」というメッセージを送ります。その手段が、身体的な暴力であっても、精神的な暴力であっても、性的な暴力であっても伝えるメッセージは同じです。

暴力を受け続けた人、つまり「自分はダメだ」というメッセージを受け続けた人が、それでもそこに立っているために、自分より弱い者を見つけ、さらに暴

力をふるう……、弱いほうからさらに弱いほうへと連鎖していきます。ときには、その暴力を自分に向け、自分を傷つけることも起きますが、暴力には連鎖する傾向があるということです。

この暴力の連鎖を断ち切るキーワードが、「人権」「エンパワメント」「人と人とのつながり」の三つだと考えています。

エンパワメント

その人がもともと持っている力を信じ、その力を引き出すようにかかわることをエンパワメントと言います。

暴力を受けた人（被害者）をエンパワメントするために、まずできることは「気持ちを聴く」

暴力の構造

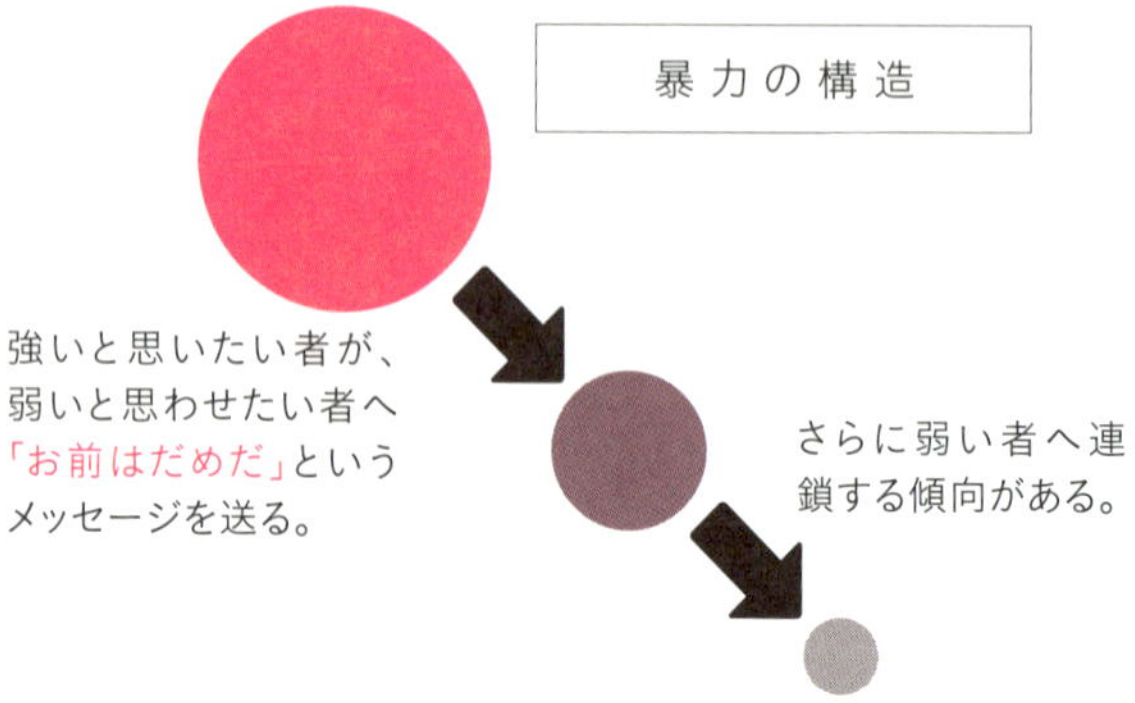

強いと思いたい者が、
弱いと思わせたい者へ
「お前はだめだ」という
メッセージを送る。
さらに弱い者へ連
鎖する傾向がある。

こと。気持ちは心の感覚です。子どもたちに伝え続けているように、なっちゃいけない気持ちはありません。その人自身の気持ちをすべて受け止めていくことが、その人を認め、その人の力を引き出していく大きな一歩になります。

アドバイスは要りません。

ただただその気持ちを聴き、受け止めることが、「自分はダメだ」と自尊感情を奪われた人が「自分は大切だ」という自己肯定感を取り戻すための重要なプロセスなのです。

そのとき、正しい知識や情報を伝えることもエンパワメントです。暴力によって、「自分が悪い」と思い込まされた人に、「あなたは悪くない」ということを言葉にして伝え続けることが重要です。デートDVの被害者など、身近な人から

暴力の連鎖を断ち切るために①

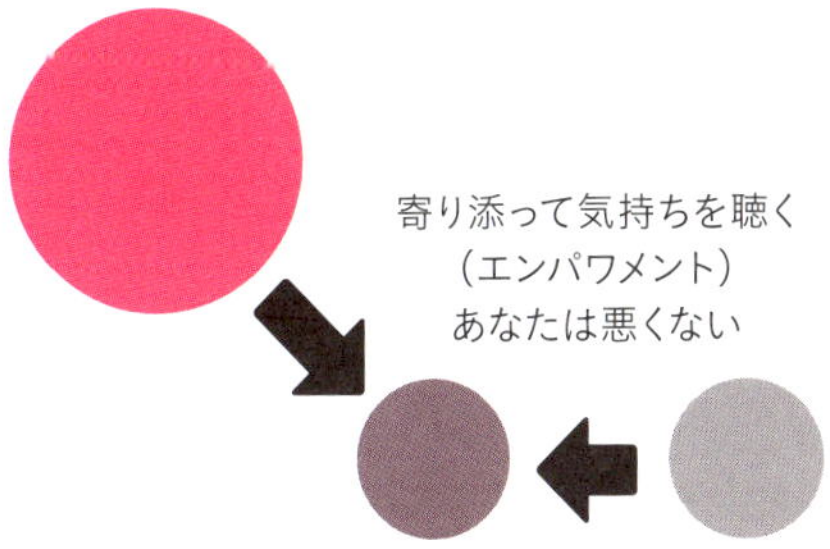
寄り添って気持ちを聴く
（エンパワメント）
あなたは悪くない

ずっと「自分が悪い」と思い込まされてきた人には、何十回でも、何百回でも伝えることが必要になります。

そのとき忘れてはならないのが、どんなに酷い暴力を受け続け、自尊感情が全くないと思われるようなときであっても、必ず生きる力を持っていることを信じることです。被害に遭い続け無力となり、何もできないように見えているときでも、そこに生きている以上、必ずできていることがあるはずです。できていることを見つけ、伝えてください。「今日、ここに来ることができましたね」「食事をとることができたのですね」。できることを見つけ、できることを増やしていくことがその人の力を取り戻していくエンパワメントとなります。

私のつぶやきとして、世のなかには、「○○ができない」「○○もできない」というメッセージが多すぎるのではないかと思っています。「うちの子、これができないんです」「この子たちは、こういうことができないんです」。そんな言い方を聞くことがあまりに多いのです。まるで子どもたちのできないことを見つけて人に伝えることがマナーであるかのように口々に話されると感じます。かく言う私もかつて、自分の子どもに言っていた言葉なのかもしれません。

「これができなきゃだめでしょ」

でも、いま思うことは、「できない」と伝えていると、きっとできなくなる。

「できるよ、きっと大丈夫」と伝えていれば、きっとできるようになるということです。

「できない」を「できる」に変えると、きっとたくさんの何かが変わるのではないかと提案したいと思います。

人と人とのつながり

「助けてもらっていいんだよ」

この言葉をもっともっと伝える必要があると思います。

人はひとりでは生きることはできないのに、なぜひとりでなんでもできるようになるようにと育てるのでしょうか？　「人に迷惑をかけちゃいけないって言われて育ったので、私は迷惑をかけたくないんです」という被害者の方に出会ってきました。暴力を受けて困り果てているのに、そう話されます。

私は相談の現場で、こうした困っている方に「助けてもらっていいんです。人の力を借りてください。人の力を借りることこそ、あなたの力なんです」と伝え続けています。

人の力を借りることができることこそ、人が生きていくために必要なことであり、それこそ自立、ひとりで立って生きていくことなのではないかと思います。

暴力は、ひとりの力でなくしていくことは決してできません。暴力を受けた人に寄り添う人もまた、誰かに助けてもらうことが必要です。暴力を受けている人にひとりで寄り添い続けることはとても難しいからです。

暴力の連鎖を断ち切るために②

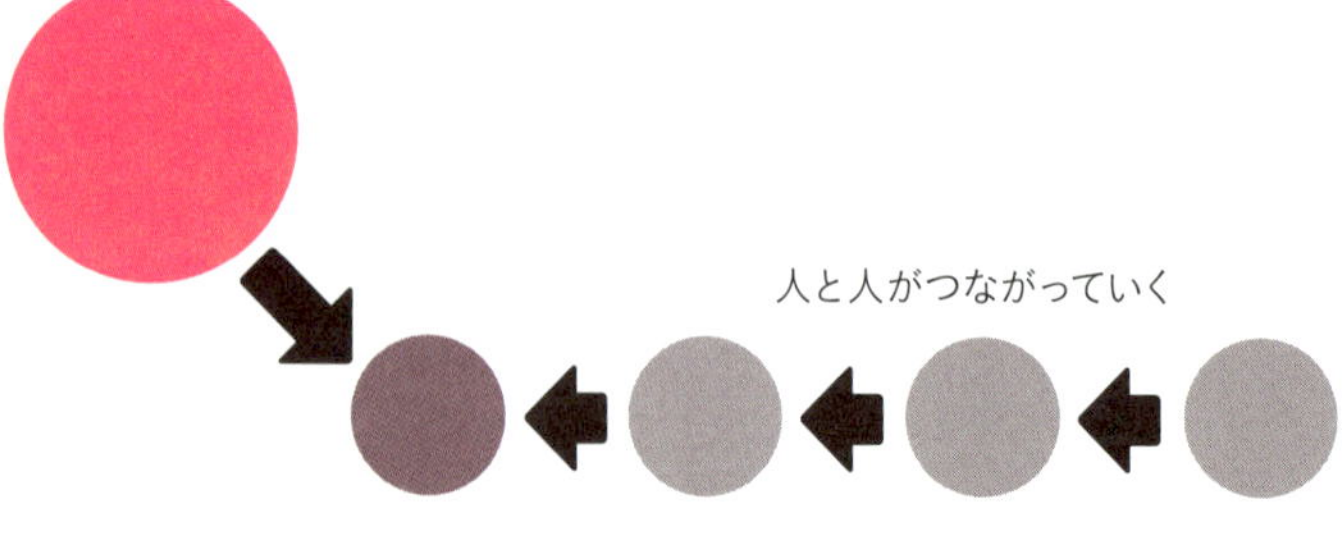

人と人とが助け合うこと、支えあうこと、人と人とがつながっていくこと、一人ひとりが大切にされていいという気持ちを広げていくことが、暴力をなくしていくことにつながります。

人権

暴力を生まないためにも、何より大切なのが、「お前はダメだ」の反対の意味になる「あなたは大切な人」という人権を伝えることです。人と人とは、その大切さ、尊さにおいて、すべて対等な人です。

でも、対等でない力関係のあると思われている人間関係といえば、どんな関係が思い浮かぶでしょうか。おとなと子ども、親と子、先生と

暴力の連鎖を断ち切るために③

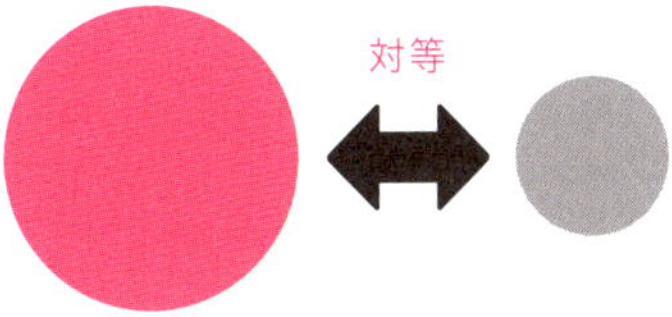

あなたは大切な人
（人権）

生徒、先輩と後輩、上司と部下、客と店員……いくらでも思い浮かぶと思います。

人と人とは上と下の関係なのでしょうか。日本語には、「目上の人」という言葉があります。敬語があります。あるいは、「〜させる」「〜してあげる」といった言葉。人と人とは上と下だと錯覚しそうな言葉がたくさんあります。

でも、私は、立場の違いでしかないと思います。人と人とは、上と下ではなく、人権という視点に立てば、すべて対等な人です。生きてきた長さは違うかもしれません。持っている知識も、体の大きさも、経済的にも力の差があるかもしれません。しかし、親が子どもに自分の力を乱用したら虐待になるように、力を持っているほうがその力を乱用したら、暴力になるのです。

本来、人権という人としての尊さに、違いは全くないのです。誰もがお互いが対等な人だと思えるようになれば、きっと暴力はなくなると思います。


人権について、もう一つの視点が、誰もが「違っていい」ということです。趣味や嗜好、好きなものが同じだと、人はうれしくなったり、盛り上がったり、安心したりします。逆に、クラスのなかでひとりだけ違う子どもが排除されたりすることがあります。人は同じになろうとすることが多いようです。

でも、そうでなく、人と人とが違っていることは、とても素晴らしいことだと気づいてほしいと思います。

自分という人間をならしめている一つひとつの要素を考えてみてください。肌の色、髪の色、顔の形、肩幅、体つき、背の高さ、話し方、感覚、趣味、価値観……そのすべての要素をかけ合わせていけば、自分と同じ人はこの地球上のどこにもいない、つまり、自分は世界でたったひとりの存在だということになります。世界中でたったひとりしかいない尊い存在であることが、人権です。

誰もが違っていることが素晴らしいことであり、その違いを認めず無理やり同じにしようとすることはときに暴力にもなるということです。同じ家族であっても、あるいはどんなに好きな人であっても、人と人とは感じ方も考え方も違うことを常に意識していくことが人権感覚を磨いていくことになります。

どんな人も対等な存在であるということ、そして、お互いの違いを認めあうこと。人と人とが対等でお互いの違いを認めあい、大切にしあうことができる関係を広げていけば、きっと暴力の連鎖を断ち切ることができる。
私はそう考えて、「人権」「エンパワメント」「人と人とのつながり」を伝えていきたいと思います。

暴力の連鎖を断ち切るために④

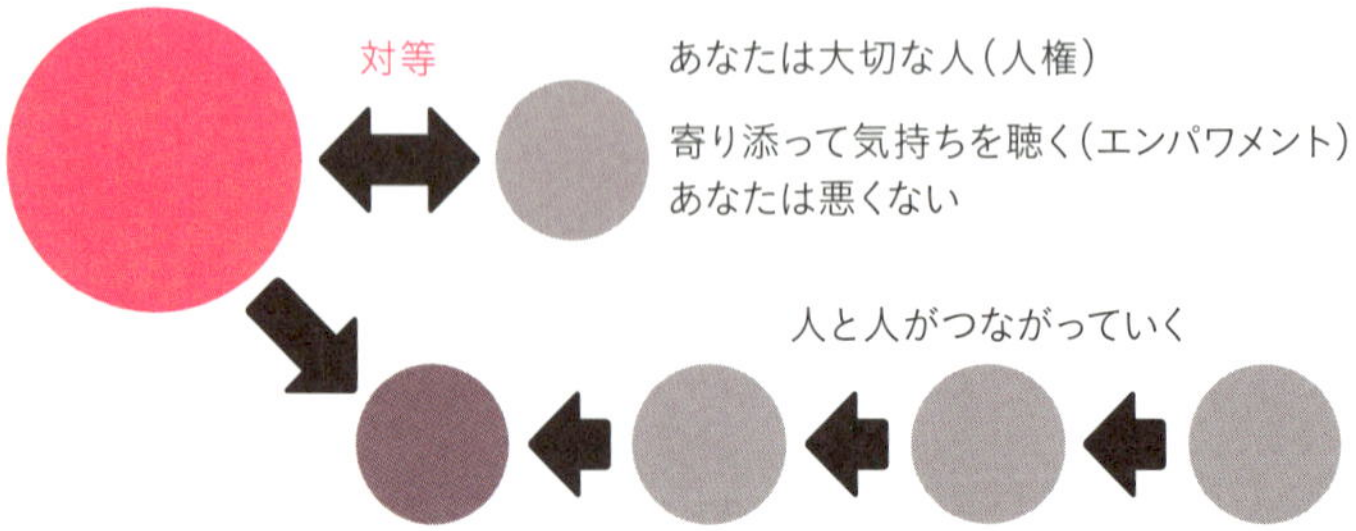
対等
あなたは大切な人（人権）
寄り添って気持ちを聴く（エンパワメント）
あなたは悪くない
人と人がつながっていく

第3章 Personal is political（個人的なことは政治的なこと）を胸に刻んで

©SAYOKO

暴力に対してできること
＝非暴力で身を守る
——「あとがき」にかえて

やり返したら終わらなくなる。このことを、ＣＡＰでは冒頭で子どもたちに伝えています。

友だちからカバンを持たされる劇を見せた後に、こんなとき何ができるかを尋ねると、子どもたちのなかから「ぶっ飛ばす」「やられたらやり返せって、お母さんがいつも言ってる」といった言葉が返ってくることがあります。

実は、やられたらやり返していいというメッセージが世のなかにはあふれていると感じます。国と国との間では報復という言葉が当然のように使われます。自分の身を守るためには、相手を攻撃するしかないと思ってきた人も多いのかもしれません。

でも、ＣＡＰのなかでは子どもたちにこう答えていきます。

「そうだね。やり返したい気持ちになることはあるよね。でも、本当にやり返すということをしたら、相手の権利を取り上げることになるでしょ。自分の権利を取られたから、相手の権利を取り上げるということを繰り返していたら、いつまでたっても終わらないよね。今日は、人の権利を取り上げないで、自分の権利を守るためにできることをみんなと一緒に考えたいんだ。カバンを持ってよと言われたときに、他にできることは何かな」

と問いかけると、子どもたちも答えてくれます。

「ダメって言う」

「やめてって言う」

「いやだって言う」

どれも同じように聞こえますが、「ダメ」と「やめて」は、相手の行動を止めるための言葉です。私たちは、自分の気持ちとしての「いやだ＝NO」を伝えることが暴力から身を守るためにできることだと考えます。

「そうだね、いやだっていう言葉は、人の権利を取らないよね。だから、いやなときには、いやだって言っていいです」

ここでもまた、「いやだって言ってね」とか「いやだと言いなさい」とは決して伝えません。

なぜなら、いやだと言えないことはたくさんあるからです。いやだと言えなかったとしても、決して悪くない。だから、選択肢として、「いやだと言っていい」ことを伝えていきます。

「でも、いやだと言えないこともあるかもしれないね。そんなときに、他にできることはあるかな?」

「逃げる」という声が返ってきます。

「そうだね。逃げてもいいよね」

逃げること＝GOは、離れること。暴力が起きているところから離れることは、弱いことでも卑怯なことでもありません。逃げることが大切な選択肢であることも伝えます。ただ、怖くて逃げることができないこともあります。逃げることができなくても、逃げられなかった人が悪いわけではありません。

「でも、いつも逃げていたら、安心できないね。安心する権利もあるものね。他には何ができるかな」

「お家の人に話す」

そう、誰かに話すこと＝TELLで助けてもらっていい。暴力に対してできることとして、最も大切なことは、誰かに話して助けてもらうこと、人と人とが助け合い、つながることです。

友だちに助けてもらってもいいことも伝えると、わずか数分前にぶっ飛ばすと発言した子どもが、友だち役として劇に出て、人の権利を取り上げず友だちを守るという体験をすることがよくあります。

やられたらやり返さなくても自分の身を守れること、NO／GO／TELLの三つで身を守れることをもっともっと多くの人に知ってほしい、特に子どものうちに伝えたいと願ってやみません。

他人事ではなく自分事へ

悲惨な児童虐待の事件報道が続いています。

虐待をする親を批判する声が聴かれますが、

私は児童虐待もまた、個人の問題ではなく社会の問題だと考えます。児童虐待は、親と子のSOSです。なぜ地域社会は、そのSOSに気づくことができなかったのでしょうか。親もまた、なぜ助けてと言えなかったのでしょうか。

事件が起こると、テレビのワイドショーは、加害をした親の生育歴やその虐待の状況をルポし、その悲惨さを伝えます。おどろおどろしいBGMが流れ、いかにむごたらしいことであったかをあおりたてる、私にはわざと視聴者の不安をかきたてているように感じます。

悲惨さをあおることで、そこで起きた暴力が自分とは違うところで起きている、他人事にしておきたいという、人の心理があるように思います。

いじめであっても、児童虐待であっても、デートDVであっても、どの暴力も、もっと私たちの身近なところで起きていると感じることが大切だと思います。他人事にしておきたい心理の裏には、自分にふりかかったらどうしたらいいかわからないというもっと大きな不安があるのかもしれません。でも、できることはあるのです。NO／GO／TELLを知っていたら不安が減るのではないでしょうか。

もし、誰もが被害者にも、加害者になりうることを自覚したら、身近な地域で起きている児童虐待にも気づくことができるし、親もまた、事件に発展する前に「助けて」と声を上げることができたかもしれないと思います。

暴力と人権

さまざまな暴力を他人事ではなく、自分事として捉えるために、人権がヒントになると考えます。

人権もまた、他人事ではなく自分事、つまり自分自身のなかにあるものだからです。

人権は、「堅苦しい、きれいごと、関係ない」の〝3K〟だと言うそうです。私は、そうではないと伝えたいのです。

就学前のCAPでは、子どもたちに、「けんり（人権）って、してもいいということだよ」と伝える場面があります。

二〇年近く、CAPに取り組みながら、自分でもどういう意味なのか、なかなかしっくりこない言葉だったのですが、このごろやっと「人権＝〇〇してもいい」がとても納得できるようになってきました。

「いい」が付くことで、その人が選ぶことができることを伝えているということになります。選ぶことができること、それが人権なのです。

「してもいい」ということは、してもしなくても、どちらかを自分で選べるということです。「しなさい」でも「しちゃだめ」でもなく、「してもいい」ということ、すなわち自分で選べることを知っていることがその人の人権になります。

生きていくために、食べていい、寝ていいという権利があります。暴力から身を守るためには、「いやだと言っていい」「逃げていい」「助けてもらっていい」という権利があるのです。

選ぶことができること、それは人権のなかでも一番大事なことだと考えます。

「暴力を受けていい人はひとりもいない」

これが今、一番伝えていきたい言葉になりました。

暴力を受けている人は、たくさんいます。暴力は身近なものですから、暴力を受けたことのない人はひとりもいないかもしれない。

だから、「暴力を受けている人はひとりもいない」と言ったら、真実ではありません。

でも、ここに「いい」を加えると人権を伝える言葉になります。

「暴力を受けていい人はひとりもいない」。なぜなら、暴力を受けるために生まれてくる人はひとりもいないからです。すべての人は暴力を受けずに生きていく権利をもった、とても大切な人です。

どんな理由があっても、誰からであっても、暴力を受けていい人はいない。だからもし、あなたが暴力に遭ったとしても、あなたは決して悪くない。

自分を責めなくてもいいと思えたら、もっと身近なところに暴力と人権を感じることができるのではないでしょうか。そして、誰もが被害者にも加害者にもなりうると思えてこそ、困ったとき、怖かったとき、なんだかいやだなと思ったとき、互いに助け合うことができるのだと思います。

私は、誰もが自分の人権を知ることができたら、つまり、自分は暴力を受けずに生きていく権利をもった「とても大切な人」だと思えたら、きっと暴力をなくしていけると信じ、人権を伝えていく活動を続けていきます。

文章を書くのが苦手な私に、ずっと前から「まきちゃん、本を書いて」と根気強く背中を押し続けてくれた「まらいあ」こと、藤井和子さん、本当にありがとう。

大好きな、大好きなエンパワメントかながわのみんな、本当にいつも、ありがとう。

そして、日ごろからエンパワメントかながわを支えてくださっている、数えきれないくらいたくさんの皆さんに心から感謝申し上げます。なかでも、イラストレーターとしてエンパワメントかながわを社会に発信するお手伝いをしてくださっているSAYOKOさん、にしぼりみほこさん、今回もご協力をありがとうございました。

なかなか書けない私をやさしく見守ってくださった高文研の真鍋かおるさん、

すてきな装丁に仕上げてくださった中村くみ子さん、本当にありがとうございました。

最後に、離れていることも多いけれど、私がこうして活動を続けてこられているのは、家族のおかげに他なりません。私にとって大切な家族に、いつもありがとう。

二〇一八年一〇月二〇日

阿部真紀

阿部真紀（あべ まき）
1961年生まれ。鎌倉市に育つ。上智大学文学部卒業、臨床心理学専攻。夫の転勤に伴い、1989年から香港と米国カリフォルニア州で2児を育てる。帰国後、1999年よりCAPスペシャリスト。2004年エンパワメントかながわを設立。デートDV予防プログラムの開発と普及に携わり、2011年にはデートDVに特化した電話相談「デートDV110番」を開設した。デートDVを予防することでDVや虐待の連鎖を断ち切ることを目指し、全国の団体や機関がつながることを呼びかけ、デートDV防止全国ネットワークを設立。
認定NPO法人エンパワメントかながわHP
http://npo-ek.org/

暴力を受けていい人はひとりもいない

2018年12月10日　第1刷発行

著　者
阿部真紀

発行所
株式会社 高文研
〒101-0064 東京都千代田区神田猿楽町2-1-8 三恵ビル
電話 03-3295-3415
http://www.koubunken.co.jp

装幀・本文組版
0935Graphics

印刷・製本
三省堂印刷株式会社

※万一、乱丁･落丁があったときは、送料当方負担でお取りかえいたします。
※この本の印税の一部は、認定NPO法人エンパワメントかながわに寄付されます。

ISBN 4-87498-664-6　C0037